시크릿
인스타그램

SECRET INSTAGRAM

1000팔로워부터 돈 버는

조은 지음

시크릿 인스타그램

A 애드앤미디어

'내가 지금 죽는다면
무엇을 가장 후회하게 될까?'

2020년 1월, 막 코로나가 시작될 무렵 나는 뉴욕에 있었다. 인생에서 처음으로 한 달간 일을 쉬고 있던 때였다. 대학을 졸업하기 전부터 취업을 해서 한 번도 쉬지 않고 일했고, 또 뉴욕에서도 랭귀지와 알바를 병행하며 손목건초염을 겪을 정도로 열심히 살던 나에게 처음으로 허락한 보상이었다.

아침이면 학교와 요가를 가고 요가가 끝나면 근처 White Castle(미국에서 유명한 미니 사이즈 버거 전문점)에서 버거를 한 입 베어 물며 책을 읽고, 영어 공부를 하고, 오후에는 AMC에 가서 혼자 영화를 보고, 인생에서 이렇게 여유로운 시간이 또 있을까 싶을 만큼 행복한 시간이었다.

그저 사스나 메르스처럼 그냥 지나가겠지라고 생각했던 코로나가, 그 어마아마한 공포가 뉴욕을 뒤덮는 데까지는 그리 오랜 시간이 걸리지 않았다. 매주 반려견 모모와 뛰놀던 센트럴파크에는 야전병원이 세워지고, 잠

못 이루는 새벽이면 10분에 한 대씩 사이렌이 울렸다.

그 무렵 나는 뉴스와 각종 통계를 찾아보며 내가 살고 있는 ZIP CODE(우편번호) 안에서 몇 명의 확진자가 나왔는지, 이는 확률적으로 계산하면 몇명 중에 한 명이 걸린 것인지 계산을 해보며 잠 못 이루는 밤이 이어졌다.

낮 시간에도 외출은 꿈도 못 꿨다. 답답한 마음에 반려견과 창밖을 내다보고 있으면 사람은 한 명도 보이지 않고 간간이 응급차와 시신을 실어가는 냉동차만 보일 뿐이었다.

어느 날 밤에는 악몽에 시달리다 잠에서 깨기도 했다. 당시 뉴욕에서는 경찰의 과잉진압으로 인해 폭동이 한창이었고, 통금시간까지 있었다. 그 때문인지 꿈속에서 폭동을 일으킨 사람들이 내가 머무는 3층 옥탑방까지찾아와 강도짓을 하려고 해서 냉장고와 가구들로 문을 열지 못하게 하려고 안간힘을 쓰며 발버둥 치다가 꿈에서 깨기도 했다.

한편 보이스 톡으로 한국에 계신 부모님께 연락이 와서 별일 없냐고 물으실 때마다 "밖에 한 발자국도 안 나가는데 별일이 있을 게 뭐 있어. 걱정말래도."라고 말하면서도 밤이면 타지에서 생을 마감할 수도 있다는 공포가 나를 괴롭혔다.

당시 한국으로 오는 비행기 편도가 2000만 원을 호가할 정도로 티켓 자체가 없었기 때문에 부모님도 나도 그저 하염없이 이 시간이 지나가기를 기다릴 수밖에 없었다.

그러던 어느 날, 계속 이렇게 있을 수만은 없다는 생각에 A4용지 한 장을꺼내 '내가 지금 여기서 죽는다면 무엇을 가장 후회하게 될까?'를 하나씩적어보기 시작했다.

-아빠가 그렇게 원했던 함께 자전거 타고 한강 가는 일을 계속 미룬 것

-엄마, 동생과 공원에서 운동하며 더 많이 시간을 함께 보내지 못한 것

-내 가정을 이루고 좋은 엄마가 되어보지 못한 것

-동생에게 너는 참 괜찮은 아이라고 네가 정말 대견스럽고 나는 너를 정말 많이 사랑하고 있다고 말해주지 못한 것

-내 이름으로 된 책 한 권 내보지 못한 것

이렇게 하나씩 적어가다 보니 내가 이루고 싶은 꿈들은 모두 이곳 뉴욕에 있지 않고 한국에 있다는 것을 알 수 있었다. 나의 뉴욕행은 도피였던 것이다. 그 누구보다 내 삶을 주도적으로 살아가고 있다고 합리화했지만 결국 한국에서 이루지 못한 꿈을 견디지 못해서 뉴욕이라는 곳으로 도망쳐버린 '루저'였던 것이다.

내 안의 자만심을 내려놓고 오롯이 나를 인정하고 나니 모든 것이 다르게 보이기 시작했다. 그리고 처음부터 다시 시작할 용기가 비로소 생겨났다. 뉴욕에서처럼 쥐가 나오는 집에 사는 것도 아니고 버스 기본요금이 3000원이라 버스 타기도 아까워 알바가 끝나면 30~40분을 걸어오는 곳에 사는 것도 아닌데 다시 한국에서라면 못할 것이 없을 것 같다는 생각마저 들었다. 그렇게 나는 한국으로 돌아왔다.

"인스타그램?? 그거 아무나 하는 거 아니야!"

"인스타그램?! 은아, 그거 아무나 하는 거 아니야! 요즘엔 비키니 입은 사진으로 도배해도 팔로워를 쉽게 못 모으는 세상이야."

2021년 1월, 내가 인스타그램을 통해 수익화를 해보려고 한다는 말에 오랜 친구가 나에게 한 말이었다. 내가 종합병원 의료기사를 그만두고 인서울 대학에 편입을 할 거라고 말했을 때도, 공중파 프로그램 리포터가 돼서 TV에 나올 거라고 말할 때도 모두 내 의견을 지지해줬던 친구였기에 인스타그램에 대한 회의적인 반응에 내심 서운하기도 하고 오기가 생기기도 했다.

그로부터 정확히 1년 후인 2022년 2월, 나의 인스타그램 팔로워는 0에서 1만이 되었다. 나는 인스타그램을 통해 시간과 장소에 구애받지 않고 내가 원하는 때에 원하는 장소에서 일하면서도 일반 직장인의 월급을 능가할 수 있게 되었다.

인스타그램에 책리뷰를 올리기 시작하고 한 달쯤 협찬을 받기 시작했고, 두 달이 됐을 때부터 제작비를 받고 콘텐츠를 만들었다. 그리고 반년이 지날 즈음 클래스를 오픈하고, 커뮤니티를 만들면서 본격적인 수익화에 성공할 수 있었다.

이것은 비단 나의 사례뿐 만은 아니다. 이 책을 준비하면서 이미 많은 마이크로 인플루언서(팔로워 1만 명 이하의 인플루언서)들이 자신의 인스타그램 계정을 통해 수익화를 하고 있다는 것을 확인할 수 있었다. 또 내가 운영하는 인스타그램 클래스 수강생들 중에도 많은 사람들이 팔로워 1000명대로도 가능하다는 것을 증명해냈다.

그렇다 해도 1년 전 친구의 말이 100% 틀렸다는 것은 아니다. 이미 여러

통계들이 인스타그램이나 유튜브에서 팔로워와 구독자를 만드는 일이 수년 전보다 훨씬 힘들어졌다는 것을 입증하고 있기 때문이다.

하지만 전혀 불가능한 것도 아니라는 것을 나는 이 책을 통해 말하고 싶었다. 그리고 나처럼 SNS에 대해, 마케팅에 대해 1도 몰랐던 사람도 조금만 공부하고, 꾸준히 나의 콘텐츠를 올리고, 나를 좋아해주는 사람들과 소통해 간다면 누구나 할 수 있다는 것을 알려주고 싶었다.

더 나아가 내가 만든 콘텐츠가 사람들에게 공감이 되고 힘이 돼서 고맙다는 메시지를 받으면서, 이 콘텐츠를 통해 돈까지 벌 수 있는 기쁨을 공유하고 싶었다.

인스타그램을 통해 돈을 버는 것은 쉽지 않은 일이다. 하지만 마음만 먹으면 누구나 할 수 있는 일이다. 여러분이 인스타그램을 통해 수익을 창출하는 즐거운 여정에 이 책이 동반자가 되길 바란다.

'인스타그램 배우러 왔다가 인생을 배우고 간다'

내가 이루지 못한 것이 아니라, 할 수 있는 일에 최선을 다하자 내게 새로운 세상이 찾아왔다. 좋아하는 책을 마음껏 읽을 수 있게 되었고, 책과 제작비를 지원받는 콘텐츠 크리에이터가 될 수 있었다. 또 인스타그램을 배우고 싶어 하는 많은 사람들을 도울 수 있게 되었다. '인스타그램 배우러 왔다가 인생을 배우고 간다'는 수강생들과 나에게 '찐팬'이라고 말해주는 사람들까지 생겨났다.

스스로를 인정하고 믿어주기, 그리고 꾸준함만 있다면 누구든 이 달콤함을 맛볼 수 있다는 얘기를 꼭 들려주고 싶다.

나를 이 땅에 보내셔서 소명을 갖고 일하게 하신 하나님과 어떤 상황에서도 나를 믿고 지지해 주시는 부모님, 11살이나 어리지만 늘 나한테 언니처럼 의지가 되어주는 조아연 그리고 이 책을 쓸 수 있도록 지독하게도 게으르고 부족한 나를 끝까지 도와주신 엄혜경 대표님께 진심으로 감사를 표하고 싶다.

조은

🅞 시크릿 수강생들의 추천사

인스타그램을 통해 내 안에 있는 잠재력을 꺼내고 선한 영향력을 끼치면서 살아가는 요즘 정말 행복하다는 생각이 절로 들어요.

*조은책방 시크릿 2기 **@lovena0603***

시크릿은 정말 인스타 강의의 바이블이고 지침서랍니다!!! 이제 인스타를 어떻게 해야 하는지 알게 돼서 속이 다 시원해졌어요.

*조은책방 시크릿 2기 **@here_muse***

한 달 만에 세상에 없던 나만의 계정이 생겼고, 찐소통하고 찐응원하는 찐친들과 나만의 콘텐츠를 쌓아가는 내 채널이 생겼고, 책 집필과 퍼스널 브랜딩에 대한 꿈도 생겼어요.

*조은책방 시크릿 2기 **@wiro_books***

인스타그램만으로 8일 만에 홍보비 0원으로 내 책을 베스트셀러로 만들 수 있었어요~ 앞으로도 제가 지닌 노하우와 경험들을 인스타그램을 통해 많은 사람들과 나누고 싶습니다.

*조은책방 시크릿 2기 **@rainbow_jiyeon***

3년간 일기장처럼 써온 계정에서 시크릿을 알고 한 달 만에 수익화를 위한 꿈이 꿈틀대고 있습니다.

*조은책방 시크릿 1기 **@rohobooks***

그간 아무리 노력해도 늘지 않던 팔로워가 시크릿을 알고 어마어마하게 늘어났어요! 뿐만 아니라 인스타그램을 보는 관점 자체가 아예 달라지는 시간이었습니다.

조은책방 시크릿 3기 **@sohee_writer**

1년간 방향을 잃고 헤매고 있던 제 계정이 시크릿을 알고 피드가 정리되고 팔로워 수가 비약적으로 늘었어요!

조은책방 시크릿 4기 **@sweet_vita_travel**

시크릿 인스타그램을 알고 실천하신다면 이전과는 비교도 되지 않는 속도로 인스타그램이 커가는 걸 느끼실 거예요! 시간과 실수를 줄일 수 있습니다!

조은책방 시크릿 4기 **@capitalism_survive**

시크릿을 통해 온라인 세상의 메커니즘을 배우고 새로운 직업도 생겼습니다.

조은책방 시크릿 5기 **@life_g_rowth**

인스타그램 배우러 왔다가 인생까지 덤으로 배웠습니다.

조은책방 시크릿 5기 **@c_on_gongbang**

팔로워 0명에서 시작해서 시크릿 알고 한 달 만에 1500명으로 인스타그램 공구까지 시작할 수 있게 됐어요.

조은책방 시크릿 6기 **@may.hooni**

◎ CONTENTS 〰〰〰〰〰〰〰〰〰〰

PART3. '좋아요'와 '팔로워' 높이는 방법

PART4. 인스타그램 협찬과 수익화

부록.

PART. 1

~~~~~~~~~~~~~~~~~~~~~~~~~~~~~~~

후발주자라면 무조건
'전략적으로' 시작하기

인스타그램 계정,
어떤 걸로 할까요?

인스타그램 계정에는 크게 일상 계정, 컨셉 계정, 브랜드 계정, 커뮤니티 계정, 콘텐츠 계정 등이 있습니다. 내가 키우기 좋은 인스타그램 계정은 어떤 걸까 먼저 생각해 보세요.

♡ ◯ ◁
인스타그램 계정의 종류

개인의 소소한 일상을 올리는 '일상 계정'은 기본적으로 가까운 지인들과 소통하기 위한 계정입니다. 이런 일상 계정으로 인플루언서가 되기 쉬운 경우는 이미 퍼스널 브랜딩이 되어 있는 사람이거나 연예인, 셀럽이라고 보시면 됩니다.

'컨셉 계정'은 일종의 '부캐 계정'입니다. 일상 계정에서 피드가 잘 정리되지 않는 단점을 극복하기 위해 만들지요. 일상의 소재 중에서 내가 좋아하고, 잘하는 것 위주로 통일성이 드러나도록 컨셉을 만드는 것입니다. 취향이 맞는 사람들의 팔로우를 이끌어내기 좋은 유형입니다.

'브랜드 계정'은 말 그대로 브랜드에서 운영하는 공식 계정을 말합니다.

'커뮤니티 계정'은 페이스북의 페이지처럼 주로 여행지나 맛집, 카페, 데이트 코스 등 다른 사람의 게시물을 허락을 구하고 큐레이션하여 올리는 계정입니다.

'콘텐츠 계정'은 주로 리뷰나 연예계 소식 등을 카드뉴스 형태로 제작해서 올리는 계정입니다. 팔로워 수당 제작비를 받고 광고를 올리기에 적합한 형태라고 볼 수 있습니다.

일상 계정   컨셉 계정   브랜드 계정

커뮤니티 계정　　　　　　　콘텐츠 계정

♡ ◯ ◁

가장 키우기 쉬운 계정이 뭔가요?

앞의 다섯 가지 유형 중에서 내가 할 수 있는 계정이 보이시나요? 여러
분이 퍼스널 브랜딩이 되어 있지 않은 경우라면 정답은 '컨셉 계정'입니다.

가장 간편하고 쉽게 그냥 시작할 수 있는 '일상 계정'은 왜 안 되는지,
간단한 에피소드를 하나 들려 드릴게요.
오래전 지인의 부탁으로 소개팅 자리에 나간 적이 있었어요. 어색한 분
위기가 이어지던 중에 소개팅 상대가 갑자기 이런 말을 꺼내는 거예요.
"저… 다음에 만나면 제가 가장 아끼는 물건을 선물하고 싶은데 괜찮

을까요?" 가장 아끼는 물건을 왜? 나한테? 당황스러우면서도 살짝 호기심이 생겼죠. "네?! 어떤 물건인데요?" "제가 루브르 박물관을 돌아보며 느꼈던 점을 기록한 일기장이 있는데, 그걸 선물로 드리고 싶어요."

중요한 건 그 사람과 저는 이제 막 소개팅에서 만난 사이라는 겁니다. 과연 처음 만난 이성의 일기장이 궁금한 사람이 몇이나 될까요? 물론 첫눈에 상대에게 반한 경우라면 예외일 수 있겠죠. 하지만 대부분의 사람들은 나와 직접적인 관련이 없는 상대에게 큰 관심이 없습니다. 이런 일방적인 대시에 대한 반응은 당연히 부담스러움이거나 회피, 무시, 무관심이겠죠?

이게 바로 일반인의 '일상 계정'이 성장하기 어려운 이유입니다. 다시 말해 대부분의 사람들은 내가 알지 못하는 상대의 일기장 같은 일상 계정에는 관심을 갖지 않는다는 사실입니다.

하지만 '컨셉 계정'이라면 이야기가 달라집니다. 내가 어떤 특정 사람에게는 관심이 없다 하더라도 그 사람이 나의 관심사와 맞아떨어지는 게시물을 주로 올린다면 정보를 얻기 위해서라도 그 계정을 팔로우할 수 있기 때문이죠.

책에 관심이 있다면 책리뷰를 올리는 계정에, 반려견이나 반려묘를 키우고 있는 사람이라면 같은 댕댕이 집사나 냥이 집사에게, 또 육아로 고군분투하고 있다면 육아 꿀팁을 나눠 주는 육아스타그램 계정에 팔로우하기가 쉽다는 뜻입니다.

♡ ♢ ◁ ▷

'컨셉 계정'의 세계로 들어가 볼까요?

이제 어떤 컨셉을 정하느냐의 문제가 남았지요. 다양한 컨셉의 계정들을 둘러보면서 나에게 맞는 컨셉을 찾아보세요.

육아스타그램	멍스타그램	책스타그램
패션스타그램	글스타그램	뷰티스타그램
그림스타그램	요리스타그램	운동스타그램

이외에도 #공부스타그램 #산스타그램 #먹스타그램 등 여러 가지 다양한 컨셉 계정들을 발견할 수 있습니다. 다음 장에서 가장 적합한 컨셉을 찾는데 도움이 되는 몇 가지 질문을 만나 보세요. 스스로에게 질문을 던지고 답을 찾아보는 것만으로도 컨셉을 정하는 일이 훨씬 쉬워질 거예요.

나만의 컨셉 찾기

'시간 가는 줄 모르게 할 수 있는 일'은 단연코 멀리 있지 않아요. 반복되는 일상의 루틴 속에서도 충분히 찾을 수가 있어요. 매일 아침마다 식물에 물을 주거나, 따스한 햇살 아래 반려견과 산책하고, 유튜브를 보고, 책을 읽고, 운동을 하는 모든 순간순간에 힌트가 있어요. 당신은 이미 일상 속에서 이런 재밌는 일을 하나쯤은 하고 있을 확률이 매우 큽니다. 그렇다면 이제 구체적으로 인스타그램 컨셉을 어떻게 정할지 들어가 볼까요?

나의 '관심사'를
키워드로 표현해 보기

먼저, 나를 표현할 수 있는 키워드를 천천히 나열해 보세요. 평소 내가 가장 많은 관심을 갖는 것은 무엇인가, 나는 어디에 가장 많은 돈을 쓰는가, 사람들이 나에게 가장 많이 묻는 질문은 무엇인가, 내가 가장 많이 찍는 사진은 어떤 것들인가... 천천히 떠올려 보면 인스타그램에서 내가 어떤 컨셉의 계정을 운영할지가 조금 더 명확해질 수 있습니다.

관심 키워드를 찾기 위한 질문 예시

취미	여가시간에는 주로 무엇을 하는가? (시간이 나면 가장 먼저 하고 싶은 일은 무엇인가?)
만족	언제 가장 즐거움을 느끼는가?
열정	내가 가장 돈을 많이 쓰는 일은 무엇인가?
관심사	평소 가장 많이 찍는 사진은 무엇인가?
강점	사람들은 내게 무엇을 가장 궁금해 하는가? (사람들로부터 많이 듣는 질문은 무엇인가?)
취향	나는 어떤 사람들과 있으면 즐거운가? (내가 소통하고 싶은 사람들은 누구인가?)
목표	인스타그램을 통해 이루고 싶은 목표는 무엇인가? (예─수익화, 퍼스널브랜딩, 인플루언서, 소통채널, 기록…)

👤 **수강생 인터뷰**

@ashley_bookstore (조은책방 시크릿 1기)

"1년을 운영해도 팔로워 700명밖에 모으지 못했었는데 컨셉 계정으로 바꾸고 게시물 30개로도 팔로워 1K를 달성하게 됐어요!!!"

미라클 모닝 습관 계정은 1년을 운영하면서도 팔로워 700명이 채 되지 않았지만 새로 오픈한 북스타그램은 한 달이 되지 않아 30개의 게시물만으로도 팔로워 1K를 만들 수 있었습니다. 단순히 일기장처럼 기록용으로 사용하던 인스타그램의 컨셉을 명확히 하고 관심사가 비슷한 사람들과 소통을 이어가다 보니 이전과는 다른 세상을 경험하고 있습니다.

♡ ▢ ◁

정말로 '꾸준히' 할 수 있는 컨셉인가?

나의 관심사를 키워드로 몇 가지 컨셉이 추려졌다면, 이제는 꾸준히
할 수 있는가에 대한 검증이 필요합니다. 하루 두세 번 또는 적어도 일
주일에 3회 이상 콘텐츠를 만들 수 있는 컨셉인가 생각해 보셔야 해요.
왜냐하면 초기에 인스타그램에 피드 수가 너무 적으면 다른 사람을
내 계정에 유입시킨다 해도 쉽게 팔로우로 이어지기 힘들기 때문이에
요. 빠른 시간 안에 팔로워를 모으기 위해서는 컨셉 계정을 시작하자
마자 최소 10~15개 정도의 피드를 올릴 수 있어야 합니다. 그리고 이
후에도 꾸준히 하루에 2~3회, 못해도 주 3회 이상은 게시물을 업로드
할 수 있는 주제여야 합니다.

벌써 게시물에 대한 부담이 몰려오시지요? 하지만 컨셉만 제대로 찾는
다면 방법은 여러 가지가 있으니 걱정은 일단 접어두세요.

저의 책스타그램을 예로 들면, 초기에 저는 매일 책 한 권을 읽고 한 개의
피드를 만들었습니다. 당연히 책을 읽는데 드는 시간과 또 캡션(인스타그램
게시물에 쓰는 글)을 적는 것까지 막대한 시간이 걸릴 수밖에 없었죠. 하지만
계속해서 계정을 운영하다 보니 책 한 권을 읽고도 세 개의 피드를 만들
수 있는 요령을 터득하게 되었어요. 한 번은 책 사진을 썸네일로 만들어서
올리고, 또 한 번은 카드뉴스 형태로 만들어 올리고, 또 다르게는 제 사진
위에 책 내용을 글귀로 만들어 올리는 식이었죠. 게시물 업로드에 대한 부
담이 현격히 줄어들어들 수밖에 없겠죠? 지혜를 발휘하면 방법은 아주 많
고 쉽습니다.

책 표지를 썸네일로 한 경우 　　 카드뉴스로 발행한 경우 　　 인물사진을 썸네일로 한 경우

책 한 권으로 여러 개의 게시물을 업로드한 예

책스타그램뿐만 아니라 다른 제품을 리뷰하는 컨셉일 때도 마찬가집니다. 하나의 제품을 사용하는 후기를 올릴 때 한 번은 제품 사진을

썸네일로 하고, 또 한 번은 내가 그 제품을 사용하고 있는 모습을, 다른 한 번은 동영상으로 업로드하는 식으로 세 개의 피드를 만들 수 있습니다. 이제 피드를 올려야 하는 횟수에 대해서는 부담이 좀 덜어지셨지요?

| 강아지와 제품사진을 함께 노출한 피드 | 제품 사진만을 썸네일로 한 피드 | 시음 중인 강아지의 모습을 동영상으로 만든 피드 |

하나의 제품 리뷰로 세 개의 게시물을 발행한 예시

하지만 내가 꾸준히 업로드할 수 있는 테마를 컨셉으로 정해야 하는 가장 큰 이유는 지속적으로 게시물을 올림으로써 확산의 기회를 얻기 위해서입니다. 인스타그램에서는 특정 키워드를 탐색탭에 검색했을 때 인기 게시물과 최근 게시물의 두 카테고리를 통해 노출을 시켜줍니다. 만약 검색 후에 최근 게시물을 클릭하지 않을 경우 인기 게시물이 먼저 노출되는 형태입니다. 그렇다 보니 특정 해시태그로 인기 게시물에 올라가게 되면 보다 많은 사람들에게 내 게시물이 보이고, 이는 당연히 팔로워 증가로도 이어지겠지요?

탐색탭에 키워드를 검색합니다.

노출 기본값이 인기 게시물로 되어 있기 때문에 검색의 기본은 인기 게시물입니다.

해당 키워드의 최근 업로드된 게시물 확인을 위해서는 [최근 게시물]을 클릭해야 합니다.

내 게시물을 인기 게시물에 올리는 방법에는 여러 가지가 있지만 그 중에서도 가장 중요한 것은 바로 '꾸준함'입니다. 인기 게시물에 오른 게시물들을 분석해 본 결과, 다른 게시물에 비해 팔로워나 댓글, 좋아요가 많지 않음에도 불구하고 꾸준히 인기 게시물에 오르는 계정들의 이유를 찾을 수 있었습니다. 이런 계정들을 살펴보면 하나같이 굉장히 오랜 시간 꾸준히 게시물을 올렸다는 공통점이 있었습니다.

꾸준함을 이기는 마법은 없습니다. 컨셉 계정을 정할 때 '내가 이 주제의 게시물을 꾸준히 만들어낼 수 있을까'에 대한 대답이 반드시 'YES!!'여야 하는 이유겠지요.

♡ ◯ ⊲

'좋아하는 것' VS '잘하는 것' 선택은?

인스타그램뿐 아니라 블로그나 유튜브 등 어떤 SNS 채널을 활용하더라도 '좋아하는 것'과 '잘하는 것' 사이에서의 고민은 누구에게나 있지요. 당연히 가장 잘 하는 일이 좋아하는 일이라면 금상첨화겠지만 그런 경우가 아닐 때 선택이 참 어렵습니다.

만약, 좋아하는 것과 잘하는 것이 아주 다른 분야이고, 인스타그램의 목적이 취미가 아닌 수익화를 목표로 할 때 둘 중 하나를 선택해야 한다면, 저는 과감하게 '잘 하는 일'을 선택하라고 권해드립니다. 제가 늘 잔소리처럼 수강생분들께 드리는 말씀이 있는데 피드를 올릴 때 처음에는 꼭 '내가 올리고 싶은 것을 올리지 마시고, 다른 사람들이 보고 싶어 하는 것을 올리세요.'라는 말입니다. 듣기엔 참 당연한 말 같은데 실제로 그렇게 하지 않는 분들이 대부분입니다.

사람들에게 도움이 될 만한 게시물을 꾸준히 쌓아 올려 진성 팔로워들이 많이 생겨난 이후에는 판매글이나 광고글과 같은 게시물을 올리셔도 좋습니다. 하지만 이때도 발행하는 모든 게시물이 판매글이나 광고글만 있다면 팔로워들이 피로를 느낄 수 있기 때문에 비율을 잘 조절하는 것이 중요합니다.

이런 고민을 토로하는 분들이 있습니다. 자신은 정말 인친들과 열심히 소통하고 게시물도 꾸준히 업로드 하는데도 인스타그램 계정이 크지 않아서 고민이라고요. 이런 분들에게 발견되는 공통점은 바로 다른 사람들이 보고 싶어 하고, 관심 있어 할 만한 게시물이 아닌, 자신만 관심 있는 게시물을 올린다는 것이죠. 예를 들면 자신의 기상 시간이나 책을 읽고 나서 느낀 짧은 한 줄 느낌 같은, 일기장 같은 계정들이죠.

물론 이런 게시물들도 이미 인플루언서가 된 경우라면 많은 '좋아요'와 공감을 받을 수 있습니다. 하지만 지금 시작하는 단계에서 팔로워를 모으기 위한 게시물로는 적합하지 않습니다. 오랜 시간 인스타그램을 열심히 운영했지만 계정이 크지 않는다고 말하는 대부분의 사람들은 이 점을 간과하고 있었습니다.

사람들은 인스타그램을 통해 여러 가지 욕구를 충족합니다. 동경하는 대상을 따라 하고 싶은 모방 욕구, 정보성 콘텐츠를 통해 성장하고자 하는 욕구, 단순 리뷰나 재미를 주는 콘텐츠를 소비하고 싶어 하는 욕구, 또는 가벼운 글귀 등을 보며 공감하거나 힐링하려는 욕구 등을 가지고 있습니다.

그렇다면 나의 계정은 사람들의 어떤 욕구를 충족시켜주는지 확인할 필요가 있겠지요? 이런 이유로 저는 본인이 좋아하는 것보다 잘 하는 것이 다른 사람들의 관심을 받을 확률이 높다고 생각합니다. 또 잘하는 일이기 때문에 사람들에게 인정을 받고, 이것이 자기효능감을 높이는 선순환으로 이어지면서 꾸준함의 동력이 만들어지기 때문입니다.

단순히 취미가 아닌, 인스타그램을 통해 팔로워를 모으고 퍼스널 브랜딩을 할 계획이라면 저는 '좋아하는 일'보다는 '잘하는 일'을 하시라고 권해드립니다. 내가 잘 할 수 있는 일을 하면서 팔로워의 증가 또는 수익화와 같은 '보상'으로 연결할 수 있는 인스타그램의 마력을 적극 활용해 보세요.

어떤 일이든 '보상'이 있어야 '지속성'을 발휘할 수 있습니다. 인스타그램에서의 보상은 바로 '팔로워의 증가'와 '수익화'죠. 이 둘 중 하나만 이뤄져도 어느 정도 인스타그램을 지속할 수 있는 힘이 생깁니다. 둘 다 되면 누가 하지 못하게 뜯어말려도 하게 될 것입니다. 내가 좋아하고 잘할 수 있는 컨셉을 이용해 '보상'을 만들어내고 즐겁게 인스타그램을 운영하면 좋겠습니다.

내 계정의
'디지털 페르소나' 정하기

FOLLOW   •••

인스타그래머가 되기로 결심했다면 가장 먼저 내 인스타그램 계정의 '디지털 페르소나'를 정해야 합니다. '페르소나(persona)'란 '가면'이라는 뜻을 가진 라틴어로 심리학적으로는 타인에게 파악되는 자아를 의미합니다.

♡ ○ ▽

도대체 '페르소나'가 뭐길래

인스타그래머와 페르소나는 어떤 상관관계가 있을까요? 여러분이 인스타그램을 시작하고 열심히 올린 게시물들을 통해 인스타그램은 여러분을 규정하게 됩니다. 이렇게 인스타그램 계정을 통해 파악된 내 모습이 '디지털 페르소나'입니다.

제 경우를 예로 들면, 원래의 저는 책을 좋아하기는 했지만 책 욕심만 많아서 구매해놓고 보지 않은 책이 수두룩했고, 책을 좋아하는 것에 비해 많이 읽은 편이 결코 아니었습니다. 그런데 인스타그램에 책리뷰를 시작하면서 매일 한 권의 책을 읽고 리뷰를 올리자 제 피드를 보는 사람들은 저의 페르소나를 '책에 대해 굉장히 조예가 깊은 사람'으로 파악한 거죠.

중요한 것은 이렇게 피드를 통해 파악한 페르소나를 보고 사람들은 이 계정을 팔로우할지, 말지를 결정한다는 점입니다. 그렇기 때문에 '나는 인스타그램 안에서 어떤 페르소나를 가질 것인가?'에 대한 질문은 대단히 중요합니다.

나만의 페르소나를 정하는 것이 막연하지요? 두 부류로 나눠서 내가 어디에 해당하는지를 따져보는 방법도 있습니다.
인스타그램 인플루언서는 크게 두 가지 타입으로 나눌 수 있습니다.

엔터테이너(연예인)형

주로 비주얼이 화려하거나 유머감각이 뛰어나서 사람들에게 즐거움을 주는 엔터테이너 타입입니다. 사람들의 선망과 열망의 대상이면서 따라 하고 싶은 욕구를 충족시켜 주는 라이프스타일, 패션, 뷰티 등의 콘텐츠들이 해당됩니다.

동기부여 멘토(전문가)형

사람들에게 도움이 될 만한 정보나 유익한 내용들을 제공함으로써 영향력을 미치는 유형입니다. 여기에는 사람들이 궁금해 하는 각종 리뷰, 동기부여 글, 도움이 되는 정보 등의 콘텐츠들이 해당됩니다.

타고난 재능이 없이도 인플루언서가 될 수 있는 비결은 두 번째 형태인 '동기부여 멘토형'에서 찾을 수 있습니다. 사람들에게 도움이 되는 유익한 정보만 꾸준히 올려도 많은 사람들이 팔로우하는 인스타그램 계정으로 키울 수 있기 때문입니다.

엔터테이너(연예인)형   동기부여 멘토(전문가)형

♡ ◯ ⧩
잠재적 팔로워들의 페르소나 구체화하기

다음은 '나를 팔로우해 줄 사람들의 페르소나'에 대해 생각해 볼 차례입니다. 나의 페르소나까지는 알겠는데 나를 팔로우해 줄 사람들의 페르소나라니 이게 또 무슨 말인가 싶으시죠?

인스타그램 계정에서 가장 먼저 눈에 띄는 것이 바로 팔로워 수입니다. 이 계정의 호감도와 영향력을 뜻하는 파워 지수와 같지요. 따라서 내 계정을 팔로우해 줄 사람들의 성별, 나이, 취미, 관심사 등 그들의 페르소나를 구체화시켜 보는 것이 필요합니다. 그들이 이미 누구를 팔로우하고 있을지, 어떤 해시태그를 쓰고, 어느 시간대에 활동할지 등을 떠올려 보는 것입니다.

예를 들어, 여러분이 육아정보를 공유하는 인스타그램을 운영해야겠다고 생각했다면, 이 계정을 팔로우해 줄 사람들의 페르소나는 어떤 모습일까요? 당연히 여러분과 같이 육아를 하고 있는 사람들이겠죠. 그렇다면 그들은 현재 어떤 계정을 팔로우하고 있을까요? 유명 아동브랜드나 육아용품 공구로 유명한 인플루언서를 팔로우하고 있을 확률이 높겠죠? 그리고 이들은 주로 어떤 시간대에 인스타그램을 활용할까요? 아이들의 등원시간 이후부터 하원 전까지 혹은 흔히 아이를 재우고 난 뒤 '육퇴'라고 불리

구분	잠재적 팔로워의 페르소나 그려보기
성별	
연령대	
취미	
거주지역	
관심사	
주로 사용할 해시태그	
팔로우하고 있을 만한 인플루언서 계정	
인스타그램 주 사용 시간대	

는 늦은 밤 인스타그램에 머물 확률이 높지 않을까요? 결국 이런 정보들을 활용해서 나를 팔로우해 줄 수 있는 잠재적 팔로워들을 더 명확하게 찾아낼 수 있겠지요. 그리고 이것이 빠른 시간 안에 팔로워를 늘릴 수 있는 지름길이 될 수 있습니다.

즉 내 인스타그램 계정의 '디지털 페르소나'를 확실히 정하고, 나를 팔로우해 줄 사람들의 페르소나를 구체화함으로써 보다 빠르게 계정을 키워나갈 수 있습니다.

👤 수강생 인터뷰

@selfdev_designer (조은책방 시크릿 4기)

"부끄러움이 많은 탓에 주위에 전혀 알리지 않았지만 타게팅을 명확히 한 것만으로도 한 달 동안 팔로워 1K를 쉽게 만들 수 있었어요!"

저는 싸이월드 시절부터 SNS는 눈팅용으로만 사용해 왔었어요. 부끄러움이 많아서 그림 계정을 만들고도 주위에는 전혀 알리지 않았죠. 하지만 제 계정을 좋아해 줄 사람들이 누구인지를 정확히 타게팅하고 진정성을 갖고 소통했더니 한 달만에 유의미한 결과가 있었습니다. '선팔', '맞팔'과 같은 단어를 쓰지 않고 정말 진심으로 소통했어요. 소통하던 계정 인친분의 반려견이 무지개다리를 건넜을 때 너무 안타까운 마음에 반려견의 그림을 그려줬더니 너무 감사해 하시더라고요. 온라인이든 오프라인이든 사람에게 가장 중요한 건 진심으로 서로에게 공감해 주는 일이라는 걸 다시 한번 알 수 있었어요.

♡ ◯ ▽
찐소통 마이크로 인플루언서 시대

우리가 흔히 말하는 '인플루언서'는 '영향을 미치다'라는 뜻의 동사 'influence'에 사람을 뜻하는 접미사인 '-er'이 붙어 '영향력 있는 사람'이라는 뜻입니다. 팔로워 수나 구독자 수 등 그들이 보유하고 있는 팬의 수에 따라 나노 인플루언서, 마이크로 인플루언서, 매크로 인플루언서, 메가 인플루언서로 분류됩니다.

여기서 가장 주목할 점은 예전에는 광고주들의 시선이 무조건 팔로워 수가 많은 메가 인플루언서들에게만 향했다면, 최근에는 마이크로 인플루언서와 나노 인플루언서에게로 그 시선이 이동하고 있다는 것입니다.

나노 인플루언서	수십, 수백 명의 팔로워를 확보한 개인 블로거 또는 SNS 이용자
마이크로 인플루언서	천 명에서 수천 명에 이르는 사람들에게 영향을 끼치는 개인 인플루언서
매크로 인플루언서	수만에서 수십만 명에 이르는 가입자(회원)나 구독자를 확보하고 있는 온라인 카페, 페이스북 페이지, 블로그, 유튜브 채널 등의 운영자
메가 인플루언서	연예인, 셀럽, 유명 크리에이터 등으로 적게는 수십만에서 많게는 수백만 명에 이르는 사람에게 영향을 미치는 인플루언서

(출처 : 영향력으로 구분한 인플루언서 유형, 코트라 2017.9)

이유는 크게 두 가지로 볼 수 있습니다.

첫째, 메가 인플루언서에게 들어가는 고가의 제작비를 나눠서 여러 마이크로 인플루언서에게 광고를 할 경우, 광고비를 줄이면서도 동일한 효과를 얻을 수 있습니다.

둘째, 마이크로 인플루언서는 메가 인플루언서보다 팔로워들과 소통이 잘 되고 팬들과의 끈끈한 유대관계 속에 형성된 높은 신뢰감이 제품 판매로 이어질 확률이 높기 때문입니다.

이러한 이유로 최근에는 최소 매크로 이상 메가 인플루언서가 되어야 수익화가 가능하다는 공식이 깨지고 있습니다. 천 명대의 팔로워를 확보한 마이크로 인플루언서나 수백 명의 팔로워를 보유한 나노 인플루언서까지 쉽게 협찬과 광고를 받는 사례가 늘고 있습니다. 여러분이 이제 막 인스타그램 계정을 만들어 시작하더라도 수익화가 가능하다는 사실을 말해주는 대목입니다. 꼭 메가 인플루언서가 되어야만 인스타그램으로 성공하는 것은 아니라는 사실을 기억하면 좋겠습니다.

팔로우를 부르는
프로필(Bio)은 따로 있다!

FOLLOW •••

바이오(Bio)라고 부르는 인스타그램 프로필은 크게 사용자 ID와 프로필 사진, 이름, 소개글, 하이라이트 이렇게 다섯 가지로 구성됩니다. 누군가 내 계정을 방문했을 때 그리드('격자 형식의 무늬'라는 뜻으로 인스타그램 피드들이 합쳐져서 한눈에 보이는 화면을 뜻함)에서는 사진으로 내 계정을 어필할 수 있는 반면 바이오는 내 계정의 매력을 글로써 드러낼 수 있는 곳이기 때문에 전략적으로 작성할 필요가 있습니다. 누군가 내 계정에 방문했을 때 가장 먼저 보이는 이 공간을 어떻게하면 매력적으로 표현할 수 있을지 알아볼까요?

♡ ◯ ◁

팔로워들에게 각인되는 ID는 어떻게 지을까요?

내 계정의 컨셉이 ID에 드러나게 짓는 것이 좋습니다. 팔로워들에게 내 계정을 쉽게 각인시킬 수 있을 뿐 아니라 기억하기에도 좋기 때문입니다.

예를 들어, 책리뷰 계정이라면 ID에 'book'이라는 단어를 넣어서 만들어보는 것이죠. 만약 요가 계정이라면 'yogini'라는 단어를 넣어주는 식입니다. @yogini_eun 처럼 컨셉 단어 뒤에 자신의 이름을 넣음으로써 내 계정이 어떤 계정인지도 알리고, 퍼스널 브랜딩에도 유리하겠죠? @bookreviewer_sora, @runner_minsoo, @pilates_ayun 처럼 말이에요. 이때 이미 다른 인스타그램 유저가 사용 중인 ID는 사용할 수 없기 때문에 중복되는 이름이라면 숫자나 특수기호를 사용해서 나만의 ID를 만들어 주면 됩니다.

사용자 이름 중복

기호나 숫자를 활용해
중복되지 않는 사용자 이름 설정

♡ ◯ ◁

신뢰감을 주는 프로필 사진이란?

인스타그램에서 사진이 중요하다는 것은 모두 잘 알고 있습니다. 그럼 프
로필 사진은 어떻게 생각하세요? 그다지 중요하지 않다고 생각하셨나요?
아니면 중요성에 대해 알고는 있지만 스스로를 드러낼 용기가 나지 않아
대충 설정하거나, 얼굴이 잘 보이지 않는 사진으로 하셨나요?

프로필 사진은 인스타그램에서 매우 중요한 의미를 가집니다. 우리가 사
람을 만날 때 가장 먼저 보게 되는 첫인상과 같은 역할을 하지요. 오프라
인에서 3초면 첫인상이 결정되듯 온라인에서도 프로필 사진에 의해 첫인
상이 결정됩니다.

그렇기 때문에 내가 이미 퍼스널 브랜딩이 되어 있어 굳이 얼굴 공개를 할

필요가 없거나, 얼굴 공개를 하면 안 되는 특별한 이유가 없다면 가급적 프로필 사진은 본인의 얼굴이 잘 드러나는 고화질의 사진으로 설정해 주는 것이 좋습니다.(브랜드 계정의 경우 브랜드 로고를 사용하는 것은 상관없습니다.)

또 내가 다른 사람에게 좋아요를 누르거나 댓글을 남길 때 이 프로필 사진은 아주 작게 상대방의 활동 탭에 표시되기 때문에 최대한 선명하고 눈에 띄는 사진을 쓰는 것이 좋습니다.

저도 초기에는 사람들에게 저를 노출하는 것이 어색해서 여행지에서 책을 읽고 있는 뒷모습으로 프로필 설정을 했었습니다. 하지만 팔로워들에게 신뢰를 주기 위해 프로필을 제 얼굴 사진으로 바꾸고 나자 계정 성장에 유의미한 결과가 있었습니다.

뿐만 아니라 저에게 인스타그램 코칭을 신청하시는 분들 중에는 제 프로필 사진을 보고 전문적인 느낌이 들어서 요청하셨다는 분들도 꽤 계셨습니다. 또 제작을 의뢰받는 일이 있을 때도 프로필에 본인 얼굴이 있는 계정이 훨씬 유리할 수밖에 없습니다. 누군가 제작비를 주면서 컬래버레이션을 제안할 때 상대방의 얼굴을 한 번도 보지 못한 경우와 프로필 사진에 얼굴을 공개하고 있는 계정이 주는 신뢰의 정도에는 당연히 차이가 있을 수밖에 없겠죠?

나의 활동탭 확인

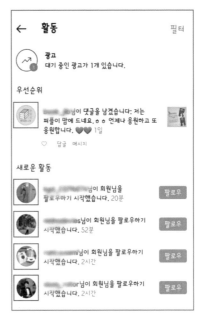

내 계정에 새로운 반응을 한 사람들의
프로필 사진이 나타남

얼굴이 거의 드러나지 않는 프로필 사진

얼굴이 선명하게 드러난 프로필 사진

저 역시도 서평단 모집을 할 때, 신청해 주신 분들의 계정을 하나하나 둘러보면서 먼저 프로필 사진을 살펴보고 신뢰도를 판단하기도 합니다. 책을 보내드렸는데 제 때 서평을 써주지 않으면 문제가 될 수 있기 때문이죠. 신중하게 계정을 선정해야 하는 입장에서 익명의 온라인 세상에서 '자신의 얼굴을 드러낼 수 있는 사람인가?'라는 부분은 중요한 판단 기준이 됩니다.

프로필 사진을 자신의 얼굴로 설정해 놓았을 때, 크게 세 가지 효과를 기대할 수 있습니다.

첫째, 잠재적 팔로워들에게 나를 알리고 좋은 인상을 심어줌으로써 계정 성장에 도움을 줍니다.

둘째, 협찬을 받거나 광고 의뢰를 받을 때 신뢰감이 드는 계정의 이미지를 줄 수 있어 유리합니다.

셋째, 자신의 제품 또는 지식 서비스를 판매할 때 퍼스널 브랜딩을 형성하기 좋습니다.

프로필 사진을 정할 때는 다음의 세 가지를 고려하면 좋습니다.

1. 얼굴이 선명하게 잘 드러난 사진인가?
2. 배경화면이 너무 어수선하거나 지저분하진 않은가?
3. 나의 계정 컨셉에 어울리는 무드인가?

만약 포토샵을 활용해서 배경을 깨끗하게 지우는 것이 힘들다면 'profile picture maker'라는 사이트를 이용해서 손쉽게 눈에 띄는 프로필 사진을 얻을 수 있습니다.

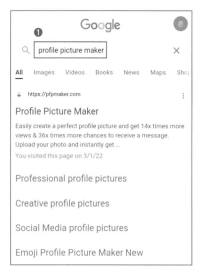

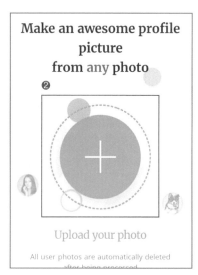

❶구글에서 profile picture maker를 검색합니다.
❷갤러리에서 프로필로 설정할 사진을 불러옵니다.

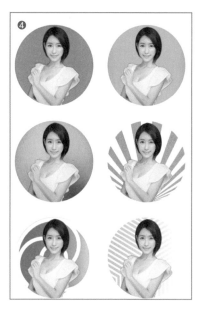

❸지저분한 배경을 없애고 사진을 만들어냅니다.
❹다양한 컬러의 배경으로 프로필 사진이 완성됩니다.

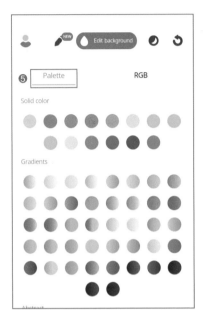

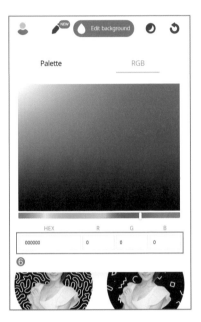

❺팔레트를 이용해 원하는 배경색을 선택합니다.

❻RGB No.를 이용해서 색상 선택을 할 수도 있습니다.

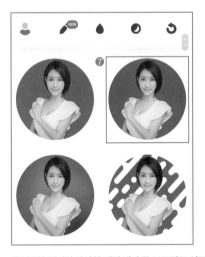

❼선택한 컬러의 다양한 배경 패턴 중 프로필로 설정하고 싶은 사진을 다운로드합니다.

❽인스타그램에 업로드할 프로필 사진을 얻을 수 있습니다.

조은쌤의 꿀 tip

이 때 배경 컬러는 내가 퍼스널 브랜딩 하려는 컬러를 사용해 사람들에게 내 계정을 더 쉽게 각인시킬 수 있습니다. 예를 들어 내가 출간한 신간의 책 표지 컬러나 내가 브랜딩하고자 하는 이미지를 나타낼 수 있는 색을 배경색으로 활용해볼 수 있겠죠?

♡ ◯ ◁

사용자 이름 잘 짓는 방법

프로필 설정에서 많은 분들이 프로필 사진만큼이나 꽤 많은 시간을 들여서 고민하는 부분이 바로 이름이지요. 이름에 대해서는 크게 세 가지를 고려하셔서 설정하면 좋습니다.

첫째, 계정의 컨셉이 명확히 드러나도록 짓습니다.

인스타그램 탐색탭에서 사람들이 키워드를 검색할 때, 여러분의 인스타그램 계정 이름에 해당 키워드가 들어가 있으면 훨씬 더 노출이 쉽습니다.

예를 들어, 누군가 '책'이라는 키워드에 관심이 있어서 탐색탭에 '책'을 검색하면, 이때 기본값인 인기탭에 가장 먼저 노출되는 것이 사용자 이름에 '책'이라는 단어가 들어가는 계정들이기 때문입니다. 따라서 계정의 사용자 이름을 정할 때는 내가 올리는 게시물의 키워드가 들어가는 이름을 짓는 것이 유리합니다.

둘째, 서너 글자 한글이름이 좋습니다.

결론부터 말씀드리면 사용자 이름은 세 글자, 혹은 네 글자로 정하는 것이 좋습니다. 왜냐하면 이름이 너무 길면 사람들이 내 계정의 이름을 자주 불러주기가 어려울 수 있겠죠? 같은 이유로 뭐라고 읽어야 할지 망설여지는 영문으로 된 이름보

'책'이라는 키워드로 검색 시 관련 계정 노출

다는 쉽게 부를 수 있는 한글이름으로 설정하시는 것을 추천합니다.

내 계정이 성장하기 위해서는 많은 사람에게 쉽게 불릴 수 있는 이름으로 소통하는 것이 유리하기 때문입니다. 예를 들어 댓글에서 '00님~'이라고 서로 부르며 소통할 때, 부르기 쉽고 기억하기 쉬운 이름이라야 서로 친밀감도 올라가고, 많은 인친(인스타그램 친구) 속에서도 서로를 기억하기가 훨씬 쉽지 않을까요?

그럼에도 나는 사용자 이름을 길게 설정하고 싶다면, 긴 이름을 한 번에 쓰는 것보다 중간에 '/'를 이용해서 추가 설명을 하는 방법을 추천해 드립니다.

제 계정을 보면 '조은책방 / 책나눔에 진심인 사람'이라고 쓰여 있습니다. '책나눔에 진심인 조은책방'이라고 쓰는 것보다 '조은책방 / 책나눔에 진

심인 사람'이라고 쓰면 가독성도 좋고 사람들이 인식하기에도 훨씬 편리합니다.

joeunbookstore
조은책방 / 책나눔에 진심인 사람 🐱
color1ook님 외 22명이 팔로우합니다

인친들은 '조은책방님' 또는 '조은님'이라고 앞에 쓰여 있는 이름을 불러주면서 친근하게 소통을 이어갈 수 있고, 또 '아, 이 계정은 책을 소개하고 책을 나누는 것에 의미를 두는구나.' 쉽게 각인시킬 수 있습니다.
인스타그램에 00언니, 00맘과 같은 이름이 많은 이유도 바로 이런 점 때문입니다.

셋째, 프로필 이름을 너무 자주 변경하지 않아요.
프로필의 이름은 사람들이 나를 기억하는 도구이기도 합니다. 너무 잦은 변경으로 팔로워들에게 혼돈을 일으키면 언팔로 이어질 수 있습니다. 따라서 꼭 바꿔야 하는 경우가 아니라면 자주 변경하지 않는 것을 권합니다. 인스타그램에서도 이름을 14일 안에 두 번만 변경할 수 있도록 정해 놓고 있지요. 처음 정할 때부터 신중하게 결정하는 것이 좋습니다. 하지만 이름을 정하지 못해서 시작부터 무한정 늦어지는 일은 없어야겠죠? 좋은 이름을 정말 못 찾겠다 하실 경우에는 일단 추후에 바꿀 생각을 하고 계정을 먼저 키우기를 추천 드립니다. 그리고 어느 정도 팔로워들에게 이름이 각인돼서 바꾸기 어려운 시점이 되기 전까지는 이름을 결정해서 바꾸시면 되겠습니다.

♡ ◯ ◁

눈길을 사로잡는 소개글 작성법

소개글은 140자 이내의 글과 링크로 표현할 수 있습니다. 소개글에서 가장 중요한 것은 사람들에게 내 계정을 팔로우할 명분을 주고 내 링크를 누를 수 있게 하는 것이죠. 다른 사람으로 하여금 내 계정을 팔로우할 명분을 주려면 다음의 세 가지를 활용하시면 좋습니다.

첫째, 후광효과를 이용한 신뢰감 주기
내가 무엇을 하는 사람인지 나라는 사람이 하는 일에 대해 정확히 알려줌으로써 익명의 온라인 세상에서 신뢰감을 줄 수 있습니다.

둘째, 세련되게 자기자랑하기
수상 경력이나 저술한 책 등 사람들에게 매력적으로 보일만한 요소가 있다면 프로필 란에 기재해 줍니다.

셋째, 이모티콘을 활용해 가독성 높이기
텍스트만 빼곡히 적기보다는 내용에 어울리는 이모티콘을 활용해서 내 소개글을 확인할 잠재적 팔로워들에게 가독성을 높여줍니다.

일반적으로 우리가 누군가의 계정을 볼 때 가장 먼저 눈에 띄는 것은 프로필 사진과 사용자 이름이지만, 소개글이 눈길을 사로잡을 때도 있습니다. 그렇기 때문에 소개글을 통해 내 계정의 컨셉이 무엇이고, '무엇을 전달하는지'에 대해 처음 보는 사람들에게 잘 이야기해 주는 것이 중요합니다. 유튜버들이 자신의 채널에서 어떤 컨셉의 영상을 올리는지 잠재 구독자들에게 알려주기 위해 유튜브 채널 소개영상을 올리는 것과 비슷한 맥락이라고 볼 수 있습니다.

다음 계정을 보면 프로필 소개란에 '나를 위한 책리뷰가 당신에게 도움이 되기를'이라는 문구가 적혀있는데요. 사실 이 계정의 경우 피드만 봐도 한눈에 책을 소개하는 계정이라는 걸 알 수 있지만, 소개글을 이렇게 적어주니 어떤 가치를 전달하고자 하는지가 더 분명하게 느껴지지요?

그렇기 때문에 같은 컨셉의 수많은 계정 중에서도 이 계정들은 더 많은 사람들의 선택을 받을 수 있었을 겁니다. 제 계정도 '좋은 책 같이 읽고 함께 성장해요'라는 소개글을 적어두었습니다. 이 글을 읽는 분들은 '독서로 함께 성장을 꿈꾸는 사람이구나.'라는 생각이 들면서 비슷한 생각을 하고 있다면 훨씬 더 팔로우로 연결되기가 쉽겠죠? 따라서 소개글에는 반드시 내 계정이 어떤 가치를 전달하는 계정인지에 대해 잠재적 팔로워에게 한 문장으로 전할 수 있는 설명을 넣는 걸 추천합니다.

벤치마킹 계정을
활용해 볼까요?

처음 인스타그램을 시작하면 피드를 어떻게 올리고, 사람들과 어떻게 소통해야 하는지 몰라서 모든 게 막막하게 느껴지지요? 이때 가장 좋은 방법은 다른 사람들은 어떻게 하고 있는지를 관찰하는 것입니다. 무조건 100퍼센트 따라 하라는 뜻이 아니라 각 계정마다 잘 하고 있는 모습들을 배워서 나의 스타일대로 활용해 보는 겁니다.

♡ ○ ◁

나의 관심사를 기반으로
벤치마킹 계정 찾는 법

나에게 맞는 벤치마킹 계정을 찾으려면 내가 운영하려는 인스타그램 컨셉을 가지고 이미 인플루언서가 된 계정들을 찾아보면 좋습니다. 그들의 계정을 보면 사진은 어떤 식으로 올리는 것이 예쁘고, 소통은 어떻게 해야 자연스러운지, 또 이벤트는 어느 시점에 어떤 스타일로 여는 것이 좋은지 등 여러 방법들이 눈에 들어옵니다.

벤치마킹 계정을 찾는 가장 쉬운 방법은 내 인스타그램 하단에 있는 탐색 탭(돋보기 모양의 버튼)을 이용하는 것입니다.

❶탐색탭 확인을 위해 돋보기 모양의 아이콘을 클릭합니다.

❷나의 관심사에 맞게 인스타그램에서 추천하는 다양한 게시물들이 나타납니다.

❸해당 게시물들을 하나씩 클릭해보면 왜 인스타그램이 이런 계정들을 추천했는지를 알 수 있습니다.

내가 저장한 게시물들을
기반으로 추천

내가 팔로우 중인 계정을
기반으로 추천

내가 좋아하는 사진
기반으로 추천

인스타그램 탐색탭에서는 그동안 내가 인스타그램에 머물면서 활동한 '좋아요'와 '저장', '팔로우' 등의 행동양식을 바탕으로 콘텐츠들을 노출시킵니다. 그러니 탐색탭에서는 자연스럽게 나의 관심사와 맞아떨어지는 콘텐츠들이 보이겠죠?

이렇게 인스타그램이 그 게시물을 추천하는 이유는 노출이 잘 되고 계정 운영이 잘되고 있는 것이기 때문에 내가 하려는 컨셉의 계정이라면 충분히 벤치마킹 계정으로도 삼아볼 수 있겠죠?

이처럼 탐색탭을 이용해서 새로 벤치마킹 계정을 찾을 수도 있고, 또는 해시태그를 활용해 잘 운영되고 있는 계정들을 찾아볼 수도 있습니다.

태그 : 해당 키워드의 해시태그 게시물

계정 : 해당 키워드의 인스타그램 계정

♡ ♢ ⩛

인플루언서의 계정을 이용해서
벤치마킹 계정 찾는 법

두 번째 방법은 내가 찾은 벤치마킹 계정의 인플루언서가 팔로우하고 있는 계정을 확인하는 방법입니다. 인플루언서가 팔로우하고 있는 계정들을 확인해보면 이미 취향과 관심사가 비슷한 여러 계정을 팔로우하고 있을 확률이 높습니다. 따라서 그 계정에서 팔로우하고 있는 계정들을 살펴보는 것도 벤치마킹할 계정을 쉽게 찾을 수 있는 또 하나의 방법이 됩니다.

 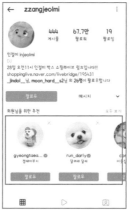 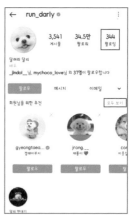

❶벤치마킹 계정의 팔로잉 목록을 확인합니다.
❷벤치마킹 계정 홈에서 v를 눌러 인스타그램 추천 계정들을 살펴봅니다.
❸인스타그램 추천 계정에서 또 다시 팔로잉 목록과 추천 계정들을 통해 벤치마킹 계정을 찾아봅니다.

이때 주의해야 할 점이 있는데요. 팔로워를 구매한 계정이 아닌지 확인해야 합니다. 처음에는 어떤 계정이 팔로워를 구매한 것인지 눈에 잘 보이지 않을 수 있습니다. 팔로워를 구매하는 것은 각자의 자유지만 내 계정의 성장을 위해 벤치마킹 계정을 찾고 있는 경우라면 이런 계정들은 피하는 것이 좋겠죠?

따라서 벤치마킹 계정을 찾을 때 그 계정의 팔로워들과 팔로워 대비 평균 '좋아요'나 '댓글' 수 등을 유심히 살펴볼 필요가 있습니다. 해당 계정 팔로워들의 대부분이 외국인으로 구성되어 있거나, 비공개 계정과 활동하지 않는 유령 계정만 주로 확인된다면 이는 팔로워를 구매한 계정으로 유추해 볼 수 있습니다.

팔로워들이 주로 한국인이며, 활발하게 활동하고 있는 계정들로 이루어져 있다면 최근 업로드한 게시물의 반응을 살펴보면 좋습니다. 예를 들어 팔로워가 1만 명일 경우 '좋아요' 수가 500~1000개로, 팔로워 수의 5~10% 정도를 유지하며, 선팔 맞팔을 유도하는 댓글이 아닌 의미 있는 댓글의 수가 최소 10~20개 정도 사이라면 건강하게 성장해온 계정입니다. 이런 계정이라면 벤치마킹 계정으로 삼으셔도 좋습니다.

♡ ◯ ✔

벤치마킹 계정 활용 꿀팁

벤치마킹 계정을 찾은 후에는 반드시 기록을 해둬야 합니다. '나중에 벤치마킹해야지'하고 그냥 넘어가는 것이 아니라, 그 피드의 사진 아래 있는 책갈피 모양 아이콘을 클릭해서 저장 기능을 활용하면 좋습니다. 그러면 나중에 사진을 찍거나 피드에 글을 작성할 때 또는 이벤트를 열고자 할 때 쉽게 찾아볼 수 있기 때문이죠.

저장할 때는 벤치마킹(사진), 벤치마킹(소통), 벤치마킹(캡션), 벤치마킹(이벤트) 등으로 컬렉션 이름을 따로 만들어서 설정하도록 합니다. 이렇게 그 피드를 벤치마킹하려는 이유가 무엇인지에 따라 나눠두면 나중에 상황에 맞게 활용하기에 훨씬 수월합니다.

❶벤치마킹하고 싶은 게시물을 찾으면, 오른쪽 하단의 책갈피 모양을 눌러 저장 기능을 활용합니다.
❷책갈피 모양의 아이콘을 누르면 [컬렉션에 저장]이라는 파란색 글씨가 나타납니다.

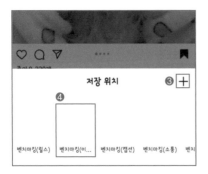

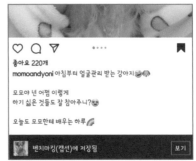

❸[컬렉션에 저장]을 누른 후, [+]를 눌러 카테고리를 새롭게 만들 수도 있고, 이미 카테고리를 만든 후라면 어떤 카테고리에 해당 게시물을 저장할지를 선택합니다.

❹저장하고 싶은 카테고리를 눌러서 게시물 저장을 완료합니다.

❺이렇게 저장한 게시물들은 내 계정 홈탭 우측 상단에 삼선 모양을 클릭한 후, 책갈피 모양의 [저장됨]이라는 아이콘을 클릭해서 확인할 수 있습니다.

❻저장한 게시물들은 카테고리별로 저장됩니다.

시작 단계부터 몇만 단위의 인플루언서 계정들을 보면 내 계정에 비해 그들은 너무나도 큰 산인 것 같고, 처음 인스타그램을 시작하려던 호기로운 마음이 흔들릴 수도 있습니다.

따라서 처음에는 5000~10000명 정도의 팔로워를 보유하고 있는 계정부터 분석하는 것이 좋습니다. 그런 계정에는 콘텐츠의 양도 어마어마하게 많겠지만 그들이 초기에 올렸던 콘텐츠들을 보면 그 계정도 처음 시작할 당시에는 사진 솜씨도 떨어지고, 캡션(피드에 적는 글)을 쓰는 방식도 세련되지 않았다는 것을 알 수 있습니다. 그리고 이때 가장 중요한 것은 그 계정의 '좋아요'와 댓글이 확연히 늘어나게 된 피드가 어떤 피드였는지를 파악하는 것입니다. 사람들이 어떤 콘텐츠를 좋아하는지에 대한 감을 익히는 데 도움이 될 것입니다.

물론 정답은 없습니다. 인스타그램이 '소통'에 초점을 둔 SNS다 보니 얼굴이 나오지 않고 리뷰만 하던 계정에서 인플루언서의 셀카가 갑자기 등장하는 경우 '좋아요'와 '댓글' 수가 급격히 올라가는 경우도 있고 그 반대인 경우도 있습니다. 실제로 힐링 글귀들을 주로 업로드하며 약 30만 팔로워를 보유하고 있는 한 인플루언서는 본인의 계정에 셀카를 올리면 팔로우 취소가 어마어마하게 발생한다고 이야기하는 사례도 있습니다. 이는 무조건적으로 따라 하기보다는 나의 계정에 맞는 스타일을 찾아 적용하는 것이 중요하다는 사실을 말해줍니다.

벤치마킹 계정 분석 예시

계정ID	@book__sy
주제 (큰카테고리/작은카테고리)	책스타그램/ 인스타그램, 자기계발
게시물 수	1254개
운영기간 (시작일 필수)	2018년 5월 21일 (게시물 수가 너무 많을 경우 PC를 이용하면 보다 수월하게 확인할 수 있습니다)
팔로워 수	1만 1천명
장점	게시물이 많고 팔로워들과 소통이 잘 됨
단점	업로드 주기가 일정하지 않음
수익화 방법	도서 광고 및 인스타그램 강의
결제 방법 및 장단점	탈잉에서 결제가 이어져서 결제가 매우 용이함
기타 특이사항	소개글이 매력적임

계정ID	
주제 (큰카테고리/작은카테고리)	
게시물 수	
운영기간 (시작일 필수)	
팔로워 수	
장점	
단점	
수익화 방법	
결제 방법 및 장단점	
기타 특이사항	

@like.movement (조은책방 시크릿 4기)

"SNS를 1도 몰랐지만 벤치마킹 계정을 제대로 찾고 그 안에서 소통할 사람들을 찾자 한 달 만에 팔로워가 1200명이나 늘었어요"

저는 인스타그램을 배우기 전까지는 일주일에 SNS를 10분도 채 하지 않는 사람이었어요. 행여 피드에 사진 하나 올리면 주변에서 사진 크기가 그게 뭐냐 도대체 이 시대 사람 맞냐? 하는 반응을 듣기 일쑤였죠. 하지만 제 계정의 컨셉을 정하고 벤치마킹 계정을 찾아서 그 안에서 나와 결이 맞는 사람들과 소통을 이어가자 한 달 만에도 1200명이 넘는 팔로워를 만들 수 있었습니다. 저처럼 SNS를 1도 모르시는 분들도 분명 벤치마킹 계정을 분석하다 보면 길을 찾을 수 있을 거예요! 망설이는 초라한 '나'보다 실패하더라도 도전하는 멋진 내가 되기를 바랍니다.

나만의 피드
'무드' 정하기

FOLLOW ・・・

'톤앤매너(tone and manner)'란 마케팅이나 광고 분야에서 많이 사용되는 용어로 전하고자 하는 메시지가 보다 잘 전달될 수 있도록 사진의 분위기나 색감 또는 말투 등의 컨셉을 일정하게 유지하는 방식입니다. 톤앤매너를 인스타그램 피드에 어떻게 적용할지 살펴보겠습니다.

쿨톤, 웜톤을 적용해요

얼마 전부터 화장품업계와 패션업계에서 마케팅용으로도 많이 사용하기 시작한 '퍼스널 컬러'에 대해 들어보신 적 있으신가요? 퍼스널 컬러란, 각각의 사람에게 가장 잘 어울리는 색깔을 크게 봄, 여름, 가을, 겨울의 네 가지 유형으로 나눠서 메이크업이나 헤어컬러, 패션 등에 적용하는 도구입니다.

퍼스널 컬러는 크게 웜톤과 쿨톤으로 나뉘고, 웜톤에는 봄과 가을, 쿨톤에는 여름과 겨울이 해당합니다. 말 그대로 웜톤은 따뜻한 느낌의 색상이고, 쿨톤은 시원하고 차가운 느낌의 색상이죠. 가장 대표적인 예로 같은 흰색이라도 아이보리색은 웜톤 컬러이고, 백열등이나 A4용지 같은 백색은 쿨톤입니다. 또 은행잎의 색깔은 웜톤의 노란색이지만, 레몬의 노란색은 쿨톤의 노란색입니다.

더 쉽게 구분하는 방법은 원래의 색에 노란색이 더해지면 웜톤, 파란색이 더해지면 쿨톤이라고 생각하면 됩니다. 피드 게시물을 올릴 때 이 웜톤과 쿨톤을 일정하게 통일시켜주면 피드가 훨씬 더 깔끔하고 전문적인 느낌을 줄 수 있습니다.

쿨톤 이미지　　　　　　　　　　　　웜톤 이미지

아래 두 사진에서 쿨톤과 웜톤의 차이가 느껴지시나요? 웜톤과 쿨톤의 느낌을 통일시켜서 올린 피드는 훨씬 더 깔끔하고 매력적으로 보입니다.

쿨톤 이미지　　　　　　　　　　　　웜톤 이미지

이렇게 간단한 컬러에 대한 이해만으로도 인스타 감성이 물씬 풍기는 피드를 만들 수 있습니다. 물론 계속해서 한 가지 톤으로만 게시물을 올려야 하는 것은 아니지만 적절히 톤의 무드를 맞춰주면 훨씬 더 매력적인 피드를 연출할 수 있습니다.

♡ ♢ ▽
같은 구도로 통일성을 유지해요

나만의 피드 무드를 정하는 두 번째 방법은 구도를 일정하게 유지하는 것입니다. 같은 구도를 계속 유지했을 때 다소 지루할 수 있는 단점도 있지만, 피사체의 크기를 조금씩 다르게 함으로써 피드를 보다 역동적으로 만들 수 있습니다.

즉 구도를 일정하게 유지하되 피사체의 크기를 대, 중, 소로 변화를 주면 지루함은 덜면서도 컨셉 계정의 느낌은 더 크게 살릴 수 있습니다. 같은

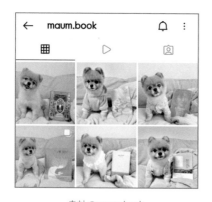

출처 @maum.book

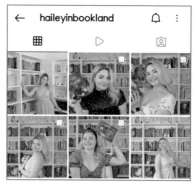

출처 @haileyinbookland

구도의 게시물을 꾸준히 노출시킨 컨셉 계정의 경우, 통일성에서 느껴지는 전문성이 확보됨으로써 계정에 처음 방문한 사람들도 팔로우로 이어질 확률이 높습니다. 난이도가 쉬우면서도 매우 효과적인 방법입니다.

♡ ♢ ◁

라인 또는 바둑판 타입의 레이아웃은
계정 성장에 유리할까?

라인별이나 바둑판 구성으로 레이아웃을 꾸밀 때 가장 큰 장점은 잘 정돈된 느낌을 준다는 점입니다. 이렇게 톤앤매너를 유지하면 비주얼적인 임팩트가 강점으로 작용하는 측면도 있지만, 피드를 순서에 맞게 올리지 않으면 라인이 무너지기 때문에 게시물 업로드 시 스케줄링에 부담을 느끼게 되는 단점도 있습니다. 이런 장단이 있기 때문에 2022년 이전까지는 이 부분을 고민하는 분들께 각자의 취향에 따라 하시기를 권해드렸습니다. 이와 같은 형태를 유지한다고 해서 팔로워 증가에 막대한 영향을 미친다면 적극 권장했겠지만 사실 직접적인 영향을 미친다고 보기는 다소 어렵기 때문에 각자의 취향과 상황을 고려해서 선택하실 것을 추천드렸죠.

하지만 2022년 상반기 홈탭 알고리즘 변화에 대한 인스타그램 공식 발표가 있은 후 더 이상 이런 방식을 고집하지 말라고 권장하고 있습니다. 왜냐하면 새로 생긴 [즐겨찾기] 카테고리에서 다시 2016년 이전처럼 시간 순으로 최신 업로드한 게시물부터 보이고 있기 때문입니다. 그렇다면 누가 가장 유리할까요? 맞습니다! 게시물을 자주 업로드할수록 나의 게시물이 팔로워들의 상단에 노출될 확률이 크겠죠? 전에는 게시물을 올린 지 몇 시간이 지난 후라도 알고리즘에 의해 나의 게시물에 더 많이 반응했던 팔로워들에게는 가장 최근에 업로드한 게시물보다 내 게시물이 상단에 뜰 수 있는 구조였습니다. 하지만 알고리즘의 변화는 시간순 노출이 더해진 것을 의미하기 때문에 보다 많은 게시물을 업로드하는 계정이 상단 노출에 유리하게 된 것이죠.

따라서 라인 방식을 고집하기보다는 게시물을 보다 자주 업로드하는 것을 권장합니다.

바둑판 방식 : 출처 @one_habit_coach

라인 방식 : 출처 @challenger_jb

나만의 컬러로
차별화 전략 세우기

FOLLOW   •••

'인스타그램을 통해 얻고자 하는 궁극적인 목표가 무엇인가요?' 제가 인스타그램 코칭이나 클래스를 시작할 때 수강생들에게 가장 먼저 하는 질문입니다. 의외로 이 질문에 답을 하지 못하는 경우가 꽤 많습니다. 제가 이 질문에 먼저 답하는 것이 중요하다고 하는 이유는, 목표가 확고하지 않으면 인스타그램을 하는 동안 쉽게 흔들리고 포기하는 상황이 발생하기 때문입니다.

♡ ◯ ◁

당신의 인스타그램 목표는 무엇인가요?

인스타그램을 시작할 때 가장 중요한 것은 '인스타그램을 통해 내가 궁극적으로 얻고자 하는 것은 무엇인가?'라는 질문에 답을 할 수 있어야 한다는 것입니다. 어떤 사람은 인스타그램에 글을 꾸준히 올려서 출간 작가가 되고 싶을 수도 있고, 누군가는 공동구매를 해서 수익화를 하고 더 나아가 내 브랜드를 론칭하려는 꿈을 가지고 있을 수도 있겠죠. 또 다른 누군가는 인스타그램 플랫폼을 이용해 내 클래스를 오픈하고 코칭 서비스를 판매해서 수익 파이프라인을 늘려가려는 목표를 가지고 있을 수도 있습니다.

이렇게 각기 다른 궁극적인 목표는 여러분이 어떤 게시물을 올려야 할지 그 방향성을 정하는 데도 중요한 역할을 합니다. 예를 들어, 저는 궁극적으로는 제 책 계정을 키워서 인스타그램에서 제 강의를 오픈하려는 계획을 가지고 있었습니다. 왜냐하면 책을 읽는 사람들은 대개 자기계발 욕구가 크고 새로운 것을 배우는 것을 좋아하기 때문에 강의를 론칭했을 때 수익화가 빠르게 될 수 있을 거라 생각했습니다. 따라서 저의 팔로워들을 잠재적 구매 고객들로 채워나간 거죠.

프리랜서 생활을 오래 해온 저는 누군가가 불러줘야만 강의를 하러 갈 수 있고 고용에 대한 불안이 높을 수밖에 없었습니다. 그래서 '내 SNS 채널을 키워서 내가 원하는 시간에 내가 책정하는 강의료로 내 강의를 직접 오픈해야겠어!'라고 생각한 거죠.

그리고 인스타그램 강의를 하기 위해 제가 팔로우를 매달 천 명씩 꾸준히 늘리고 있음을 피드를 통해 증명했고, 또 이벤트를 통해 인스타그램 코칭과 인스타 강의 등을 나눴습니다. 그렇게 저의 팔로워들에게 제 계정을 조금씩 인스타그램 전문가로서 포지셔닝 해나가기 시작했죠.

만약 제가 인스타그램을 통해 궁극적으로 원하는 것이 무엇인지에 대해 답하지 않고 무작정 게시물만 계속 올렸다면 이렇게 빨리 수익화가 가능했을까요? 아마 그렇지 못했을 겁니다. 훨씬 더 오랜 시간이 걸렸거나 어쩌면 불가능했을지도 모를 일이지요.

처음부터 인스타그램을 통해 얻고자 하는 것이 무엇인지 정확하게 답을 하고 인스타그램을 시작했기 때문에 내 계정의 톤앤매너를 어떻게 유지할지에 대해 흔들림 없이 계정을 운영해나갈 수 있었습니다.

'나는 왜 인스타그램을 하려고 하는가?', '내가 인스타그램을 통해 얻고자 하는 것은 무엇인가?'에 대해 스스로 답을 할 수 있다면 인스타그램을 하는 동안 찾아오는 크고 작은 문제들에 있어서도 의연하게 대처해 나갈 수 있을 거예요.

♡ ○ ▽

이타적인 세상에서 나눔하기?

처음 책스타그램을 시작하면서 여러 계정들을 벤치마킹하기 위해 들여다 보고 또 들여다보며 어떻게 그들을 따라잡을 수 있을까 고민하고 또 고 민했습니다. 황색 소들 사이에서 눈에 띄는 보랏빛 소가 되려면 나만의 매 력이 필요한데 아무리 생각해도 발산할 매력이 생각나지 않더라고요. 이 미 책을 출간한 작가들이 넘쳐났고, 수준급의 사진을 올리는 사람들도 수두룩했고, 수년 전부터 시작해서 진성 팔로워들과의 끈끈한 관계를 유 지하고 있는 인플루언서들이 가득한 인스타그램 세상 어디에도 제가 비 집고 들어갈 틈은 보이지 않는 것만 같았습니다.

그러던 중 인스타그램에서 자주 볼 수 있는 단어 중 하나인 '나눔'에서 힌 트를 찾을 수 있었습니다. 인스타그램을 하다 보면 많은 인스타그래머들 이 자신이 갖고 있는 물건부터 재능까지 다양한 나눔을 하고 있다는 걸 알 수 있습니다.

당장 매력적인 글을 써낼 수도 없고, 사진 실력을 단숨에 높일 수도 없으 니 '내가 지금 당장 할 수 있는 게 뭘까?'를 생각해봤죠. 그러다 평소에 미 니멀리즘을 추구하는 저의 성향을 이용해 '다 읽은 책을 인친들에게 나눠

주면 어떨까'라는 생각을 하게 됐습니다. 첫 번째 책 나눔, 두 번째 책 나눔 이런 식으로 피드를 계속 올려나갔죠. 그러다 보니 어느새 85번째 책 나눔까지 이어졌습니다. 이렇게 제 계정은 어느새 책을 읽고 리뷰를 쓰는 여러 책 계정 속에서도 책을 나눔하는 이미지를 갖는 계정이 된 거죠.

요즘처럼 자기계발 욕구가 크고 자신의 성장에 관심을 갖는 시대에 다른 사람에게 아주 작은 무언가라도 나누려고 하는 마음 자체가 차별화된 매력으로 보일 수 있습니다. 사람들은 당연히 이기적인 사람보다는 이타적인 사람을 좋아하니까요.

지금 당장 나눔을 할 것이 딱히 떠오르지 않는다면 눈에 보이는 물건뿐 아니라 갖고 있는 재능도 좋아요. 우리는 모두 각각 다른 환경에서 살고 있고, 유심히 나를 돌아보고 찾아보면 분명 다른 사람에게 나눠줄 것들이 있을 거예요. 그리고 그 가치를 알아봐 주는 사람들이 온라인 세상에는 다수 존재한다는 걸 잊지 마세요.

👤 수강생 인터뷰 ─────────────────────────────

@sohee_writer (조은책방 시크릿 3기)

"인스타그램을 통해 내가 가진 가치를 나누고 다른 사람들을 돕다 보니 자연스레 팔로워도 성장하고 즐겁게 인스타그램을 운영하고 있어요!"

처음에는 제가 인스타그램을 하는 것 자체가 어색하고 이기적인 계산이라는 생각이 들어 힘든 순간도 있었어요. 하지만 사람들과 소통하며 제가 나눌 수 있는 것을 찾게 되자 그제서야 인스타그램을 하는 기쁨을 누릴 수 있게 됐죠. '인벤저스'를 만들어서 12월 31일에 10대들을 위한 인스타그램 강의를 열었는데 아나운서로서, 또 작가로서 10대 친구들에게 도움이 될만한 얘기를 나누며 다른 사람을 돕기 위해 이렇게 열성적일 수 있는 제 모습을 보니 참 놀랍기도 하고 기쁘기도 하더라고요. SNS 세상 속에서 다른 사람들과 소통하며 즐거움을 찾으면서 계정을 운영하다 보면 훨씬 즐겁게 인스타그램을 키워나갈 수 있을 거예요!

🎁이벤트 선물🎁

1자녀와 더욱 친밀한 긍정적 관계 맺기!
춤으로 부모 고민 타파 1:1 부모교육 (3분)
부모교육 강사 비용 모두 Free -->1세션/1시간

👉이런 분께 필요해요

✔자녀와 갈등 상황에서 어떻게 말해주면 좋을지 고민이신 분

✔현재 내가 하고 있는 양육방식이 잘하고 있는 건지 걱정이신 분

✔머리로는 알겠는데 막상 아이에게는 실천이 어려우신 분

2연인, 부부 관계 업그레이드! (2분)
Prepare/Enrich 설문지를 통해 과학적인 데이터 결과를 토대로
서로의 관계를 업그레이드 시킬 수 있는 기회. 춤으로 1:1 커플교육.
검사비용 제가 부담하고요, 결과 분석 교육 비용 모두 Free! 설문지는
커플에게 각각 이메일로 전해드리며, 교육은 커플 함께 춤으로
만나서 합니다. --> 1세션/1시간 30분

'prepare enrich 코치'라는 직업을 활용해 해당
검사와 코칭을 팔로워 이벤트 선물로 준비한 경우

🎁
그래서~ 준비한!
#팔로워이벤트

아래1~4층에 골라주세요!
1번은 중복도 가능해요!

1
감각디자인 기초 무료강의(신청자 전원)

디자인원리만 알면 똥손도 감각적인 sns채널을 만들 수 있어요.
디자인전공+대기업 9년차 디자이너가 아낌없이 디자인 감각을
떠먹여 드립니다!

🔹1/15 토요일 저녁8시~10시 줌강의

🔹노쇼 방지용 만원 참가비 (강의 후 돌려드려요!)

🔹강의 내용
♡디자인 왜 해야할까? 그냥카페 vs 취향카페
♡디자인으로 기억에 남기는 퍼스널브랜딩
♡원리만 알면 감각이 보이는 디자인요소
♡디자인 무료소스& 활용 사이트

PPT디자이너라는 본업을 이용해
디자인 무료 강의를 이벤트에
참여한 전원에게 선물한 경우

📲팔로워 3K를 가까이 하며, 인친님들께 감사하는 마음으로 작은
감사 이벤트를 준비했습니다.

인스타그램 시작하고 많은 성장이 있었습니다. 여행업계에서
근무했던 제가 알고 있던 작은 정보가 인친님들에게 도움이 되길
바라는 마음에 정성 들여 피드를 만들고 있습니다. 항상 소통하며
기분 좋은 이야기 나누는 찐친이 되길 바래요~ 👏

#이벤트선물

1. 스위트 비타가 추천하는 심플한 여행 코스 TOP 7 (여행 일정표와
맛집 추천) - 신청자 전원에게 PDF 파일로 만들어 보내드려요.
핸드폰에 넣어 편리하게 사용하세요.

여행업에 종사한 경험을 바탕으로
여행 일정표와 맛집을 추천하는
PDF전자책을 만들어 선물한 경우

#이벤트 선물

1. 약사이모 1:1 맞춤 건강상담 겸 수다(2명)

이런 분께 필요해요

☑어딘가 안 좋은 거 같은데 건강검진 상에는 문제가 없대요

☑인터넷 유튜브 뒤져서 좋다는 거 찾아 먹었는데 별 효과를 못
봤어요

☑먹고 있는 처방약에 대한 것, 영양제에 대한 것, 건강에 대한 것
모두 상담해 주세요
.

약사라는 직업을 활용해 영양제나
처방약 등의 평소 궁금증을 해결해주는
건강 상담을 이벤트 선물로 활용한 경우

♡ ◯ ▽

어떻게 하면 다를 수 있을까?

제가 인스타그램 코칭을 할 때 가장 강조하는 부분이 '타깃을 좁혀서 그 안에서 1등이 되려고 노력하라'는 것입니다. 제가 책스타그램을 운영하는 계정 중에서 1등 강사가 되려고 했던 것처럼 말이죠. 그래서 저는 책리뷰를 올리는 분들께 늘 수익화를 위해서라면 단순히 목표를 책리뷰로 하지는 말라는 말씀을 드립니다. 책리뷰만 올려서는 절대 빠르게 1등이 될 수 없거든요. 하지만 그 안에 자신의 색깔을 조금만 넣으면 그 작은 시장 안에서는 내가 1등이 될 수 있고, 분명 나를 찾는 사람이 있을 수 있기 때문에 수익화가 훨씬 쉬워집니다.

제게 수업을 듣던 30대 여성분이 있었습니다. 표면적으로는 아이 둘을 키우는 그냥 평범한 주부였죠. 하지만 다소 앳된 얼굴에 뭔지 모를 포스가 느껴졌습니다. 아니나 다를까 코칭을 하다 보니 다양한 투자 성공으로 순자산 30억을 만든 스토리를 갖고 있었습니다. 그리고 이 과정에서 얻은 인사이트를 사람들에게 나누어주고 싶어서 인스타그램을 수단으로 활용하고자 한다는 것을 알게 되었죠.

그 사실을 알게 된 저는 이제 단순한 책리뷰를 그만 올리라고 말씀드렸습니다. 그리고 경제 분야 책리뷰 위주로 올리면서 본인의 경험을 녹여내고, 이벤트를 하더라도 나의 재능을 나눠줄 수 있는 이벤트를 하라고 코칭했습니다. 같은 책리뷰를 올리는 북스타그래머라 하더라도 재테크·자기계발 분야에서는 독보적인 존재가 될 수 있다고 판단한 결과였습니다.

그렇게 자신의 경험을 녹여낸 글들을 인스타그램에 공유하면서 강의 의뢰도 받고, 자신의 노하우를 공유함으로써 수익을 만들어낼 수 있게 되었습니다. 현재는 인스타그램에서 자신의 커뮤니티를 만들어 챌린지를 함께하며 계속해서 수익화를 이어나가고 있습니다.

출처 @lovena0603
평범한 30대 주부에서 재테크 자기계발
동기부여 전문 인스타그래머로 활동

출처 @cecilcompany
책리뷰 계정을 운영하며 글쓰기 클래스를
론칭해 1000명대의 팔로워로도 수익화 성공

또 다른 수강생의 경우는 브런치 작가로 활동하며 인스타그램에 책리뷰 계정을 운영하고 계셨던 분입니다. 이미 유명 인스타그램 강사의 강의도 들었지만 어떻게 차별화를 하고, 수익화를 이뤄내는지에 대한 감은 전혀 없는 상태였죠.

저는 1:1 코칭을 통해 인스타그램에서 내 클래스를 오픈할 수 있는 모든 노하우를 전해 드렸습니다. 그리고 현재는 인스타그램에서 '브런치 작가 되는 글쓰기' 클래스를 론칭한 후 꾸준히 수익화를 해나가고 있습니다. 단순히 책을 리뷰하는 계정에서 '브런치 작가'라는 타이틀을 이용해 나의 클래스를 오픈하고 진성 팔로워를 만들어가는 계정으로 거듭나게 되었죠.

같은 컨셉의 계정을 운영하더라도 여기에는 반드시 '나'라는 사람의 색깔이 들어가야 보다 빠르게 수익화가 가능해진다는 점을 꼭 기억하시면 좋겠습니다.

여러분이 어떤 컨셉의 인스타그램을 시작하더라도 또 정말 획기적인 어떤 무언가라고 해도 이미 그 분야에서는 잘 하고 있는 사람들이 넘쳐날 겁니다. 만약 그렇지 않은 컨셉을 찾았다고 해도 블루오션이라고 마냥 좋아할 수만은 없습니다. 이는 또 다른 의미에서 그런 컨셉을 찾는 사람들의 니즈가 없다고 해석할 수 있기 때문입니다.

하지만 조금만 생각을 바꿔서 그 안에서 나만의 색깔을 녹여내고 조금 더 타깃을 좁힌다면 어떨까요? 여러분은 분명 그 안에서 1등이 될 수 있고, 반드시 여러분을 찾아주는 사람들을 만날 수 있습니다. 그러니 수익화에 있어서는 처음부터 너무 넓은 타깃을 바라보고 시작하는 것보다는 좁은 타깃부터 점령해서 차근차근 넓혀가는 방법을 추천해 드립니다.

초반에 꼭 만들어야 할
인친의 유형

FOLLOW ···

컨셉을 정하고 벤치마킹 계정도 찾았고, 이제 막 소통할 계정을 하나 둘 찾아 나서야 하는데 대체 어떤 계정과 소통해야 할지 감이 잘 오지 않으시죠?
빠른 계정 성장을 위해 어떤 계정과 친구가 되면 좋을지에 대한 팁을 알려드릴게요.

♡ ◯ ◁

'같은 컨셉', '같은 관심사'를 가진 계정

처음 계정을 시작하면 팔로워가 0, 내 게시물에 댓글을 달아줄 사람이 없는 것이 당연합니다. 그래서 일단은 나와 같은 컨셉 계정을 운영하는 사람들과 친구가 되는 것이 중요합니다. 관심사가 같으면 내 게시물에 관심을 가져줄 수도 있고, 팔로우로 이어질 수 있을 뿐 아니라 진정성 있는 소통을 주고받을 수 있기 때문이에요.

인스타그램 알고리즘도 초반에는 내 계정에 대한 데이터가 전혀 없기 때문에 내 계정을 어떤 사람들에게 노출시켜줘야 할지 알 수 없습니다. 이때 내 계정이 누구와 친구가 되느냐에 따라 내 계정을 어떤 사람들에게 노출할지를 결정하기 때문에 초반에는 내 계정과 성격이 비슷한 계정과 친구가 되는 것이 좋습니다.

♡ ○ ▽

성장 속도가 비슷한 계정

나와 관심사가 같은 계정이라도 계정의 성장속도에 현격한 차이가 난다면 내가 선팔을 해도 맞팔로 이어지지 않을 확률이 큽니다. 이미 계정의 성장이 어느 정도 이루어진 입장에서는 이제 막 시작하는 내 계정을 맞팔하지 않을 확률이 높기 때문이죠.

그렇기 때문에 선팔을 하고 소통할 친구를 찾을 때는 이미 너무 크게 성장한 계정보다는 내 계정처럼 이제 막 시작한 계정을 타깃으로 하는 것이 좋습니다. 그래야 내가 선팔을 했을 때 상대도 나를 맞팔해 줄 확률이 커지겠지요.

♡ ○ ▽

꾸준한 소통을 이어가줄 계정

마지막으로 '꾸준한 소통을 이어가줄 계정'인가 하는 부분입니다. 계정 초반에는 인기 게시물에 오르기가 쉽지 않지만 팔로워가 어느 정도만 돼도 팔로워 대비 '좋아요'나 '댓글', '저장', '공유' 등의 인게이지먼트가 높으면 인기 게시물에 오를 수 있습니다.

따라서 내 게시물에 반응을 잘 해주고 꾸준한 소통을 이어가줄 친구를 찾는 것은 매우 중요한 전략입니다. 특히 초반에는 대부분 내가 선팔을 해야 맞팔을 해주기 때문에 내가 누구를 팔로우하느냐로 나의 팔로워들이 결정이 되겠죠? 그래서 초반 전략은 내 게시물에 반응을 잘 해줄 수 있는 친구들 위주로 팔로우하는 것이 매우 중요합니다.

그렇다면 누가 반응을 잘 해줄 친구인지 어떻게 알 수 있을까요? 다른 사람의 계정에 댓글을 활발히 남기고, 본인의 계정에 피드를 꾸준히 올리고, 인스타그램에서 활동을 활발히 하는 친구라면 반응을 잘 해줄 친구라고 볼 수 있겠죠? 이런 계정의 게시물에 진정성 있는 댓글을 남기고, 선팔을 해서 인친을 만들고, 소통을 이어간다면 계정 성장에 도움이 될 것입니다.

👤 수강생 인터뷰

@nada_roum (조은책방 시크릿 4기)

"인스타그램을 키우려는 사람들이 모인 커뮤니티에서 함께 하다 보니 한 달간 맞팔 없이도 팔로워 1400명을 만들고 팔로워 1000명대에도 수익화에 성공할 수 있었어요"

인스타그램을 처음 시작하면 내 게시물에 댓글도 없고 소통을 할 사람도 없죠. 그렇기 때문에 초반에는 같이 으쌰 으쌰 해줄 수 있는 커뮤니티를 통해서 한걸음 떼는 것이 좋아요. 제 경우에도 조은책방 시크릿에서 동기들과 함께 소통하다 보니 초반에 계정을 키우기가 훨씬 쉬웠고 1000팔로워 이벤트에는 PPT 디자이너라는 저의 직업을 활용해 무료 강의를 이벤트 선물로 나눴습니다. 그때 참여하셨던 분들이 강의에 모두 만족하셔서 팔로워 1000명대로도 수익화에 성공할 수 있었고 협찬을 받기도 하며 즐겁게 인스타그램을 키워나가고 있습니다.

인스타그램 수익화는
팔로워 수가 아니다?

FOLLOW ···

인스타그램에는 유튜브처럼 구독자 수, 시청 시간 등 일정한 조건을 달성해야 수익화가 가능하다는 요건이 따로 없습니다. 그래서 수익화에 대해 더 어렵게 생각할 수도 있지만 반대로 팔로워 수에 상관없이 수익화가 가능하다고도 볼 수 있어요. 그렇다면 인스타그램 수익화는 어떻게 가능한지 공개해 드릴게요.

♡ ◯ ◁

팔로워 몇 명부터 돈을 벌 수 있나요?

인스타그램 클래스에 참여하는 분들이 가장 궁금해 하는 것이 바로 팔로워가 몇 명일 때부터 수익화가 가능한지입니다.

정답은 '정해져 있지 않다'입니다. 수많은 인스타그램 계정을 살펴본 결과, 어떤 계정은 팔로워가 1만 명이 넘어도 제작비 없이 제품만 간간이 협찬받는 계정이 있는가 하면, 팔로워가 1000명, 2000명일 때부터 수익화를 하는 계정들도 있기 때문입니다.

저 역시 팔로워 1000명대부터 제작비를 지원받아 콘텐츠를 만들었고, 팔로워 5000명대부터는 본격적으로 저의 클래스를 개설할 수 있었습니다. 팔로워는 많으면 많을수록 좋겠지만 그렇다고 해서 꼭 팔로워가 몇 명

이상이 되어야 수익화가 가능하다고 단정 지을 수는 없습니다.

♡ ♢ ◁

뾰족하게 좁히고 좁힌 타깃 찾기

그렇다면 적은 팔로워 수로도 수익화를 할 수 있는 가장 빠른 방법은 무엇일까요? 바로 타깃을 좁힐 수 있을 때까지 좁혀서 그 안에서 1등이 되는 것입니다. @jennie.habits 계정 역시 팔로워 1000명대지만 수익화를 잘 하고 있는 계정입니다. 영어 선생님이었던 경력을 이용해서 원서 낭독 모임을 진행하는 것으로 수익화를 하고 있습니다.

요즘은 앱부터 전화 영어까지 영어 공부를 쉽게 할 수 있는 다양한 방법들이 차고 넘칩니다. 하지만 그 안에서도 누군가는 함께 소통하고 교류하면서 영어를 배우고 싶은 사람들도 있겠지요. 마침 그 대상이 내가 팔로우하고 있는 인스타그래머라면 더 쉽게 마음을 열 수 있을 것입니다. @jennie.habits 계정은 그런 욕구를 가진 타깃을 잘 찾아냈고, 원데이 클래스부터 챌린지, 모임, 몇 주 과정 강의까지 진성 팔로워들을 형성함으로써 수익화에 성공할 수 있었습니다. 비단 어떤 특별한 사람의 이야기가 아니라 인스타그램 안에서 여러분은 그 어떤 재능으로도 수익화를 만들어낼 수 있습니다.

♡ ♢ ▽
알아두면 좋은 제작비 단가

앞에서 말씀드린 것처럼 인스타그램에서 제작비나 원고료 등이 팔로워 수에 따라 칼같이 정해져 있는 것은 아닙니다. 하지만 어느 정도의 시장가는 존재합니다. 협의를 할 때 이를 알고 진행하는 것과 그렇지 않은 경우는 큰 차이가 있을 것입니다. 당연히 알고 있으면 훨씬 유리하지만 영업기밀과도 같은 내용을 쉽게 알려줄 리 만무하겠지요. 또 실제로 계정의 분야, 컨셉, 인스타그래머의 역량에 따라 제작비가 천차만별이기에 특정할수 없는 어려움이 존재하기도 합니다.

그래서 저는 여러 인플루언서들에게 직접 제작비를 얼마나 받는지 인터뷰를 해서 평균값을 구해 보았습니다. 결과는 아래와 같습니다.

마이크로 인플루언서	팔로워 1천~1만	제품 또는 서비스 단순 체험 / 협찬
매크로 인플루언서	팔로워 1만~10만	제작비 3만원 ~ 50만원
메가 인플루언서	팔로워 10만 이상	제작비 10만원 ~ 100만원

정해진 시장가격이 없고, 유동적이라는 것은 그만큼 기회요인이 많다는 뜻입니다. 정해진 수익화 모델이 없다는 것은 만들어가는 모든 길이 수익화가 될 수 있다는 의미이기도 합니다. 여기에 소개된 제작비는 대략적인 가이드이며, 여러분 계정의 가치는 자신이 만드는 거라는 사실을 잊지 않으셨으면 합니다.

수익화에 성공한
마이크로 인플루언서들

인스타그램에는 많지 않은 팔로워 수를 가지고도 수익을 올리고 있는 계정들이 꽤 많습니다. 본인만의 색깔을 이용해 1000명대의 팔로워로도 수익화에 성공한 계정들을 소개합니다.

♡ ◯ ◁

팔로워 1000명 미만에서도
의상 협찬/제작비 지원을 받은 패션스타그램

@here_muse

영어강사인 '히어뮤즈'님은 옷과 패션을 좋아해서 패션스타그램 계정을 운영하고 있습니다. 팔로워가 1000명이 채 되지 않았을 때부터 인스타그램 디엠으로 협찬을 받기 시작했고, 또 의상을 착용한 사진 게시물을 업로드하는 방식으로 제작비 지원을 받고 있습니다.

Q. 현재 인스타그램에서 운영하는 계정은?

주말룩이나 데일리룩을 업로드하는 패션 계정을 운영하고 있어요.

Q. 초기에는 어떤 방법으로 소통을 시작했나요?

초반에는 정말이지 어떻게 계정을 찾아야 하나 막막했어요. 조은쌤이 비슷한 계정의 파워 인플루언서를 팔로우하고 있는 계정을 공략하거나 패션과 관련된 태그들(#데일리룩 #주말룩 #오오티디 #데이트룩 등)을 검색한 후 최근 게시물 탭으로 들어가서 찾으면 수월하다고 알려주셨어요.

그렇게 찾아서 일일이 '좋아요'를 누르고 팔로우하고 DM을 보냈어요. 이때 중요한 건 절대 맞팔을 강요하면 안 된다는 거예요. 이렇게 하니까 하루에 20~30명씩 팔로워가 늘더라고요. 느는 게 눈에 보이니까 이 작업을 더 열심히 하게 되고요.

Q. 나노 인플루언서로도 협찬을 받는 전략이 있다면?

일단 컨셉을 하나로 정하고, 소통이 가장 중요한 것 같아요. 저는 감사하게도 조은쌤의 인스타그램 코칭 '시크릿 2기'에 참여하면서 그분들이 댓글을 많이 달아주시니까 다른 분들도 크게 거부감 없이 댓글을 많이 달아주셨어요. 그래서 팔로워 수에 비해 댓글 수가 비교적 많아서 제 계정은 소통이 활발하다고 느껴진 게 긍정적으로 작용한 것 같아요.

그리고 협찬 받고 싶은 브랜드나 아이템이 있을 때, 그걸로 코디해서 해시태그를 올리는 것도 효과가 있었어요. 처음에 명품 판매 플랫폼에서 제의가 들어왔는데 그때 올린 게시물이 명품 가방을 소품으로 활용한 거였어요.

Q. 컨셉 계정에서 가장 중요한 것은 무엇일까요?

사진 퀄리티와 통일성이 가장 중요해요. 또 패션계정인만큼 인물보다 옷이 드러날 수 있도록 찍고 업로드 전에 VSCO라는 앱을 이용해 색감 보정도 해준답니다. 끊임없이 피드의 전체 통일성을 유지시켜 주기 위한 노력을 합니다.

Q. 적은 팔로워 수로도 수익화를 할 수 있었던 비결은?

앞서 말씀드린 것처럼 사진 퀄리티와 통일성을 유지하는 게 주효했던 거 같아요. 실제로 사진을 어떻게 찍고 보정하는지에 대한 문의와 칭찬이 정말 많았어요. 그리고 인스타를 하다 보면 부업 계정이 정말 많이 팔로우하는데 저는 하나하나 다 확인해서 팔로워 목록에서 삭제하는 노력을 했어요. 가끔 귀찮을 때도 있지만 천천히 가더라도 양과 질을 모두 잡고 싶어서 손품을 팔았습니다. 이런 노력이 협찬사에서 제 팔로워 목록을 확인할 때 어느 정도 영향을 미치지 않았을까 예상해 봅니다.

Q. 인스타그램을 운영하면서 가장 기억에 남는 순간은?

같은 패션 계정을 운영하는 분들이 제 피드를 보고 화보 같다거나, 사진 색감이 이쁘다거나, 사진을 어떻게 보정하냐고 물어올 때 기분이 좋고요. 또 옷을 어디서 구매할 수 있냐고 문의가 들어올 때가 가장 기억에 남아요. 이 두 가지가 궁극적으로 제가 인스타를 운영하는 목적이기 때문이죠.

Q. 막 인스타그램을 시작하려는 분들께 하고 싶은 말은?

우선 팔로워 1K까지는 한 달 안에 손품을 팔아서 단기간에 달성을 해야 합니다. 하지만 이후에는 장기전인 것 같아요. 확실한 컨셉과 목표를 정하신 다음 중간 중간에 수정을 해나가더라도 방향을 잃지 않고 꾸준히, 무조건 꾸준히만 하신다면 인스타그램 운영을 통해 얻고 싶은 걸 이룰 수 있을 거예요.

조은쌤의 tip

브랜드 협찬을 받고 싶으세요? 그럴 때는 협찬 브랜드가 검색할 만한 해시태그를 미리 유추해서 그 해시태그를 걸 수 있는 게시물을 많이 업로드합니다. 그러면 브랜드가 협찬 계정을 찾을 때 내 게시물들이 눈에 띌 수밖에 없고, 당연히 협찬에도 유리하겠죠?!

♡ ◯ ◁

팔로워 1000명대부터
책 협찬/제작비 지원을 받은 책스타그램
@chek_ssuni

'책쑤니서재'님은 책을 좋아하고 출판 분야에서 일했던 경험을 토대로 인스타그램에서 북스타그램을 운영하고 있습니다. 팔로워가 1000명 미만일 때부터 책을 협찬 받기 시작했고, 팔로워 1000명대부터는 제작비를 받고 책리뷰를 올리는 크리에이터로 활동하고 있습니다.

Q. 현재 인스타그램에서 운영하는 계정은?

북스타그램 @chek_ssuni '책쑤니서재'입니다. 2020년 1월에 시작해 과한 열정으로 몇 번의 인태기를 거치며 거듭나는 중입니다.

Q. 초기에는 어떤 방법으로 소통을 시작했나요?

저를 팔로워해 줄 가능성이 있는 계정을 찾아다녔어요. 팔로워 수가 아주 적은 계정이나, 팔로워에 비해 팔로잉이 훨씬 많은 계정은 저를 팔로우할 가능성이 많다고 생각했고, 결과는 성공적이었어요. 그분들의 계정에 가서 '좋아요'를 누르고 선팔을 한 뒤 인친을 맺고 싶다는 글을 DM으로 남겼어요. 그랬더니 많은 분들이 맞팔을 해 주셨습니다. 특히 글 계정으로 보이는 인친님께는 꼭 '작가님'이라는 호칭을 사용해 글을 남겼어요. 어떤 말보다 작가님이라는 말이 그분들에게 제일 듣기 좋은 말일 거라고 생각했습니다. 그렇게 하다 보니 어느새 저도 팔로워가 늘고, '좋아요'나 댓글이 늘고 있었어요.

Q. 나노 인플루언서로도 협찬을 받는 전략이 있다면?

처음에는 서평단 모집하는 곳을 많이 기웃거렸습니다. 여러 계정을 구경 다니면서 서평단 모집 게시글에 댓글을 달고 리그램도 하며 참여를 했어요. 그렇게 매일 책리뷰를 올릴 만큼 책을 받았고 어느 순간부터는 출판사나 작가님이 직접 디엠으로 문의를 주셨어요. 그렇게 리그램이나 서평단 모집에 참여하지 않아도 책을 받을 수 있게 되었어요. 기억에 남는 사례인데, 리뷰를 잘 써 줘서 고맙다고 하시며 제주도에서 감성돔을 네 마리나 보내 주신 작가님도 계셨어요.

Q. 컨셉 계정에서 가장 중요한 점은 무엇일까요?

이건 한마디로 말씀드릴 수 있을 것 같아요. 이 계정이 무엇을 하는 계정인지 명확해야 해요. 그것이 선행되어야 어떤 게시물을 올릴지도 결정이 된다고 봐요. 한 번은 책을 올리고, 한 번은 일상을 올리고, 또 한 번은 또 다른 콘텐츠를 주제로 게시물을 만든다면 정확하게 그 계정의 컨셉이 무엇인지 알 수가 없잖아요.

계정을 운영하는 목적이 확실하고, 그 목적에 맞는 콘텐츠로 포트폴리오를 만드는 것이 중요하죠. 특히 수익이 목적이라면 누구에게서 수익을 실현할 것인지를 알고, 그분들이 내 계정을 보고 신임할 수 있도록 그 분야의 전문성을 보여주어야 한다고 생각해요.

책을 소개하는 북스타그램이라면 책을 최대한 많이 노출할 수 있는 게시물을 만들어야 하고, 내가 책을 전문적으로 소개하는 계정이라는 인식을 심어주어야 한다고 생각합니다.

Q. 적은 팔로워 수로도 수익화를 할 수 있었던 비결은?

두 가지 이유가 있다고 생각해요. 첫 번째는 인태기가 빨리 왔어요. 과유불급이라고 하루에 한 권씩 책을 읽고 매일 게시물을 올리다 보니 그것이 인태기의 원인이었던 것 같아요. 아무리 좋아하는 책이지만 적당히 할 줄 모르고 너무 욕심을 냈던 거예요. 인태기를 이겨내려면 제게 보상이 있어야 했고, 그 보상은 빠른 수익화밖에 없었습니다. 그래서 기회라고 생각했을 때 협상을 했고, 성공할 수 있었습니다. 제가 먼저 제안하려는 노력을 하지 않았다면 수익을 일으키는 일은 아직 없었을 거예요. 또 다음 기회가 기다리고 있는지도 몰랐을 거예요.

두 번째는 제가 정말 책리뷰를 전문적으로 하는 계정으로 보였기 때문이라고 생각해요. 비록 아직 팔로워가 3천도 채 되지 않지만 제 계정은 누가봐도 책리뷰를 전문으로 하는 계정이라고 생각하실 거예요. 그리고 특별한 이유가 없는 한, 피드를 깔끔한 스타일로 유지하려고 노력합니다. 캡션을 쓸 때는 책의 장점을 최대한 많이 쓰려고 노력해요.

성의 없는 짧은 글도 별로지만, 너무 긴 글도 좋지 않다고 생각해요. 다만 많은 인친님께서 제 글을 읽고 나면 '나도 이 책을 읽고 싶다'는 마음이 생기기를 바라며 준비해요. 책을 읽으면서 들었던 감정이나 감상을 최대한 잊지 않고 표현하려는 것과 아무래도 책을 좋은 방향으로 소개하는 점이 책의 저자나 출판사 입장에서 좋은 점으로 평가할 것 같아요.

Q. 인스타그램을 운영하면서 가장 기억에 남는 순간은?

하루는 제주에 계시는 한 작가님께서 연락을 주셨어요. 책리뷰가 너무 마음에 와 닿아 선물을 주신다는 거예요. 선물은 제주도 감성돔이었어요. 한 마리도 아니고 자그마치 네 마리를 선물로 보내주셨어요. 그때는 정말 인스타 할 맛이 생기더라고요.

그것 말고도 인스타 시작한 지 겨우 20일밖에 안 되었을 때 작가님으로부터 서평 제안을 받은 일, 처음으로 돈을 받고 서평을 한 일, 처음으로 서평단 모집을 했을 때부터 더 큰 비용을 들여 서평단 모집을 진행한 일 등은 잊을 수가 없어요. 힘은 들었지만, 물질적으로도 정신적으로도 받은 게 너무 많은 시간들이었습니다.

조은쌤의 tip

내가 받았을 때 기분 좋았던 호칭이나 댓글이 있다면 이를 기억해뒀다가 다른 사람에게 활용해 보세요. '책쑤니'님의 사례처럼 글 계정을 운영 중인 사람들은 '작가님~'이라는 호칭을 들으면 존중받는 느낌이 들어 괜스레 기분이 좋아지고, 자신을 이렇게 불러준 사람과는 더 소통하고 싶은 느낌을 받겠지요? 댓글도 마찬가지입니다. 인스타그램에서 찐소통을 위해서는 댓글을 남기는 것에도 노력과 연습이 필요하다는 거 꼭 기억하시기 바랍니다.

♡ ◯ ◁

팔로워 1000명대부터
영어 원서 읽기 클래스를 운영하는 인스타그래머
@jennie_habits

'제니쌤'은 영어 강사였던 경력을 활용해서 인스타그램에서 영어공부에 대한 정보를 나누는 계정을 운영 중입니다.
제니쌤만의 전문성과 친절함을 무기로 영어 원서 읽기 챌린지 등 지속적으로 클래스를 열어 수익화를 이뤄가고 있습니다.

Q. 현재 인스타그램에서 운영하는 계정은?

꾸준한 영어 공부를 통해 성장을 원하는 분들과 원서 낭독 수업을 함께 하고 있어요.

Q. 적은 팔로워 수로도 꾸준히 수익화를 이루는 비결은?

수익화하기 전 6개월여 동안 꾸준히 인스타를 하면서 저에 대한 신뢰도가 생긴 것 같아요. 영어를 할 생각은 없었는데 도움이 필요한 분들과 두 달여 동안 무료로 함께하면서 제가 드릴 수 있는 게 영어라는 확신이 들었고, 그 때부터 수익화를 하기로 결심했어요. 감사하게도 처음 무료로 함께했던 분들 중 대부분이 지금까지 쭈욱 이어져오고 있습니다.

Q. 인스타그램 수익화를 원하는 분들께 해 줄 팁이 있다면?

그전에는 무조건 찐소통과 진심으로 대하는 마음만 있으면 상대방이 느낄 수 있다고 생각했어요. 하지만 수익화는 또 별개라는 생각이 듭니다. 돈이 개입되니 무조건 유익한 정보와 차별화로 디테일한 마케팅을 해야 한다고 느꼈어요.

저는 원서 낭독이라는 대중적인 개념이긴 한데, 영어가 정말 친숙하지 않으신 분들께 더 도움을 드리고 싶었어요. 더듬더듬 한 자 한 자 읽어가는 것도 힘드신 분들께 어느 순간 한 문장이 부드럽게 읽히는 순간의 희열을 드리고 싶었거든요. 타깃을 나누고 또 나눠서 내가 도움을 줄 수 있는 분들과 그런 일들을 찾는 게 정말 중요한 것 같아요.

Q. 제니쌤만의 찐소통 비법이 있을까요?

피드에 무조건 '좋아요'와 진심을 담은 댓글을 달았어요. 그러면서 점점 찐 인친들이 생겨나기 시작했어요. 공부하는 분들께는 응원과 격려를, 공구나 네쇼라하시는 분들께는 잘한다 잘한다, 운동하는 분들껜 존경의 표시를... 여러 인친님들이 계시지만 저는 저와 비슷한 성향과 반대의 성향

둘 다 끌려요. 그래서 좀 더 다양한 분들의 인친님들께 진심어린 댓글을 답니다.

그리고 매일매일 잠깐의 영어 관련 라방을 합니다. 마케팅 효과도 있지만, 제가 찐소통을 하지 않는 분들이 수강을 더 많이 하는 걸 경험하면서 더 폭넓은 소통을 이어가고 있습니다.

Q. 인스타그램을 운영하면서 가장 기억에 남는 순간은?

라이브 방송을 꾸준히 보면서 제 강의를 신청하신 분들이 계속 이어지고 있는 것이 신기해요. 찐친들과는 또 다른 느낌인 거죠. 어떻게 보면 제 도움을 필요로 하는 분들과 그냥 저라는 사람이 좋은 분들로 나누어지는 것 같아요.

BTS 영어 노래 수업을 한 적이 있는데 싱가포르와 태국에 계신 한국 분들이 어떻게 아시고 강의 신청을 해주신 거예요. 그분들이 낭독 수업까지 함께하고 계신 게 너무 신기하고 기억에 남아요.

조은쌤의 tip

인스타그램에서 지식 창업을 하기 위해서는 클래스를 오픈하기 전에 이미 내가 그 분야에 전문적인 지식을 가지고 있음을 꾸준히 어필하는 것이 중요합니다. 제니쌤의 경우처럼, 클래스 오픈 전부터 인친들과 찐소통을 이어왔다면 신뢰도가 쌓여 훨씬 더 유리하겠죠?

♡ ♡ ▽

팔로워 2000명대부터
아이패드 노트를 팔고 있는 10대 독서스타그램

@0o0_meeeee

'영오영'님은 10대임에도 불구하고 다양한 책을 읽고 리뷰하는 10대 북스타그래머입니다.

팔로워 1000명 미만일 때부터 책을 협찬받고 중고책을 판매하는 방식으로 수익화를 시작했으며 현재는 아이패드로 만든 다이어리 속지를 스마트 스토어에 판매함으로써 본격적으로 수익화를 해 나가고 있습니다.

Q. 현재 인스타그램에서 운영하는 계정은?

독서 계정과 함께 영오영 제품 홍보 계정으로 운영하고 있어요.

Q. 적은 팔로워로도 수익화에 성공한 비결은?

팔로우 2000때부터 수익화에 성공했는데요. 그 전까지는 독서 계정이었기에 서평을 통해 받은 책을 독서 후 알라딘에 다시 재판매 하면서 수익화했고, 현재는 인스타그램에 링크를 걸어 아이패드로 직접 만든 다이어리 속지를 판매함으로써 수익화를 하고 있습니다.

Q. 계정 운영에서 가장 중요시하는 부분이 있다면??

꾸준함이 되게 중요하다고 생각해요. 제 인스타는 피드 올리는 주기가 정해져 있는데요. 이틀에 한 번씩 올리려고 노력 중이에요. 꾸준히 피드를 업로드하다 보니 그에 맞게 빠르게 콘텐츠를 제작하는 일에 집중하게 되고, 다른 분들과 소통하면서 계속할 수 있는 힘이 생기더라고요.

Q. 초창기에 어떻게 팔로워를 늘렸나요?

처음 피드를 올렸을 때 모르는 3분이 '좋아요'를 눌러주셨던 순간이 아직도 생생히 기억나는데요. 한 명 한 명이 다 소중하고 감사하더라고요. 그때부터 저를 팔로우해 주시는 모든 분들에게 빠짐없이 '좋아요'를 눌러드리고 소통하려고 노력했어요. 또한 제가 올리는 피드와 비슷한 계정을 운영하는 분들을 찾아가서 먼저 '좋아요'를 눌러드리고 있습니다. 그렇게 꾸준히 진행하다 보니 지금까지 오게 됐어요.

Q. 이제 막 인스타그램을 시작하려는 분들께 도움되는 말이 있다면?

먼저 시작하세요. 인스타 시작해야지... 해야지... 하다가 계속 미루지 마시고, 시작해서 꾸준히 올리다 보면 자신이 원하는 계정을 운영하실 수 있을 거예요 :D

조은쌤의 tip

위의 계정은 다이어리도 아이패드로 활용하는 MZ 세대들의 입맛에 맞게 맞춤형 전략을 사용한 좋은 예시인데요. 내가 갖고 있는 어떤 재능도 인스타그램 안에서 판매로 이어질 수 있다는 점을 기억하시면 좋겠습니다. 특히 초반에는 이렇게 템플릿처럼 재고가 남지 않는 것부터 판매해 보는 것도 좋습니다.

SECRET INSTAGRAM

PART. 2

전략적 계정 운영의
모든 것

SECRET

INSTAGRAM

인스타그램
처음부터 알려주세요

FOLLOW •••

인스타그램 게시물 종류에는 사진, 동영상, 스토리, 릴스, 라이브 방송이 있습니다. 먼저 가장 기본이 되는 사진과 동영상을 업로드하는 방법과 새로 생긴 일부 사진 삭제 기능에 대해 알려 드릴게요.

♡ ▢ ◁

인스타그램 화면 이해하기

❶홈 화면 인스타그램을 열면 가장 먼저 보이는 화면
❷게시물 업로드 게시물, 스토리, 릴스 라이브 방송 선택 가능
❸활동 탭 좋아요, 댓글, 태그, 팔로워 등 내 계정의 새로운 활동 확인
❹스토리 라인 친구들의 스토리 확인
❺뉴스피드 팔로잉하고 있는 계정의 콘텐츠가 인스타그램 알고리즘에 의해 노출
❻돋보기 탐색 기능
❼DM Direct Message
❽릴스 인스타그램의 짧고 재미있는 동영상

♡ ◯ ▽

인스타그램 기본 용어 알아두기

인친 '인스타그램 친구'의 줄임말

DM Direct Message로 채팅 기능 (그룹 채팅도 가능)

친구 소환 댓글 작성 시 @를 이용해 해당 ID의 이용자에게 알림 기능

해시태그 검색이 가능한 키워드 (강조 목적으로 쓰기도 함)

선팔 먼저 친구 요청을 하고 팔로우함

맞팔 서로 함께 친구 요청을 하고 팔로우함

언팔 팔로우를 취소함

리그램 다른 사용자의 게시물을 그대로 내 피드에 업로드하는 것

캡션 인스타그램 게시물에 작성하는 글

대댓글 인친의 댓글에 다시 댓글을 다는 것

♡ ◯ ▽

프로페셔널 계정으로 변경하기

프로페셔널 계정으로 변경하면 내 계정의 인사이트를 확인하고 광고를 집행할 수 있습니다. 따라서 인스타그램 계정을 키우기로 마음먹으셨다면 반드시 계정을 공개로 하고 프로페셔널 계정으로 전환하는 것이 선행되어야 합니다.

❶오른쪽 상단 삼선 모양의 아이콘을 클릭합니다
❷설정으로 들어갑니다.

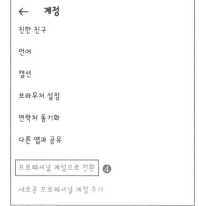

❸계정을 눌러줍니다.
❹프로페셔널 계정으로 전환을 클릭합니다.

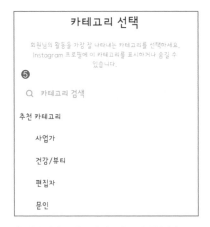

❺계정 성격에 맞는 카테고리를 선정합니다.

❻내 계정에서 인사이트라는 항목이 생기는 것을 확인할 수 있습니다.

♡ ♢ ▽

인스타그램 게시물 업로드하기

가장 대표적인 형태인 게시물을 올리는 방법을 알아보겠습니다.

피드에는 사진의 경우 1장에서 10장까지 하나의 게시물로 업로드할 수 있고, 동영상이나 릴스, 실시간 방송 영상을 올릴 수도 있습니다.

게시물 업로드 시 위치태그나 사람추가 등의 기능을 활용하지 못했다면 업로드 후에도 충분히 수정할 수 있습니다. 단, 한 번에 지나치게 많은 게시물에 사람태그나 위치태그를 수정할 경우, 해당 기능이 일정 기간 블락될 수 있습니다. 따라서 가급적 수정 기능을 사용하는 것보다는 처음 게시물을 올릴 때 태그를 잘 넣어주는 것이 좋습니다.

❶피드를 업로드하기 위해서는 먼저 [+]를 눌러줍니다.

❷[게시물]을 선택합니다.

❸[갤러리]로 들어가면 나의 사진첩에 있는 사진들을 선택할 수 있습니다.

❹1~10장까지 올리고 싶은 사진을 선택합니다. 이 때 번호의 순서는 내 피드에서 사진이 나열되는 순서
와 동일합니다.

❺인스타그램이 제공하는 필터보다는 효과가 자연스럽게 편집된 사진을 사용하는 것이 좋습니다.

❻[문구 입력]을 터치하고 캡션을 작성한 뒤 [V]표시를 누르면 게시물이 업로드됩니다.

♡ ◯ ◁

새로 추가된 일부 사진 삭제 기능

인스타그램에 한 번에 10장까지 사진을 올릴 수 있지만 업로드 후 일부 사진을 삭제하거나 사진 순서를 변경하는 등의 수정 기능이 없어서 아쉬워하는 사람들이 많았습니다. 예를 들어 게시물에 여러 장의 사진을 올렸는데 그 중 한 장만 지워야 하는 경우, 그런 기능이 없어서 해당 게시물 전체를 아예 삭제해야 했기 때문인데요.

그래서 인스타그램에서는 2021년 12월, 일부 사진을 삭제할 수 있는 기능을 추가했습니다. 하지만 이 기능은 아이폰 유저만 사용할 수 있다는 아쉬움이 있습니다.

사진 삭제가 필요한 게시물을 누른 후 상단의 […]을 누릅니다. 그리고 [수정]을 선택하면 각각의 사진마다 왼쪽 상단에 휴지통 모양의 아이콘이 뜹니다. 이 휴지통 모양의 아이콘을 누르면 삭제를 선택할 수 있는 화면이 나오고, 삭제 처리를 완료하면 해당 게시물에서 내가 선택한 사진만 삭제된 것을 볼 수 있습니다.

❶사진 삭제가 필요한 게시물을 선택합니다.
❷게시물 상단의 […]을 클릭합니다.

❸[수정]을 선택합니다.

❹삭제를 원하는 사진을 선택한 후 왼쪽 상단에 휴지통 모양의 아이콘을 클릭합니다.

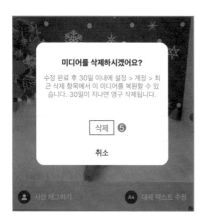

❺[삭제]를 클릭합니다.

❻해당 게시물에서 선택한 사진이 삭제된 것을 확인할 수 있습니다.

♡ ◯ ◁ 동영상 올리기

기존에는 인스타그램에 1분 이상의 영상을 업로드하기 위해서는 IGTV로만 업로드가 가능했습니다. 하지만 2021년 10월부터 IGTV가 통합되면서 최대 1시간까지 동영상을 업로드할 수 있게 되었습니다. 영상 업로드 전에 필터를 적용하거나 컷편집을 할 수도 있고, 사람이나 위치태그를 할 수 있는 기능도 추가되었습니다.

동영상을 올리는 방법은 일반 게시물을 올리는 방법과 동일하며 모바일에서는 최대 15분, PC에서는 최대 1시간까지의 영상을 업로드할 수 있습니다.

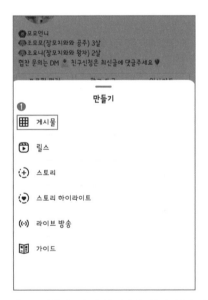

❶프로필 화면 우측 상단 [≡]아이콘을 클릭한 후 만들기 화면의 [게시물]을 클릭합니다.
❷업로드할 동영상을 선택한 후 우측 상단 화살표를 클릭합니다.

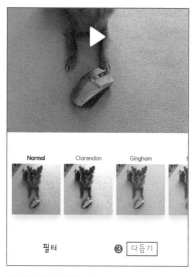
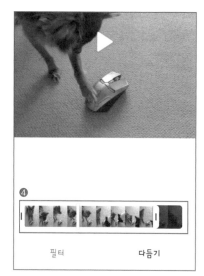

❸[다듬기]를 클릭합니다.
❹해당 동영상에서 업로드하고 싶은 부분만 컷편집을 진행합니다.

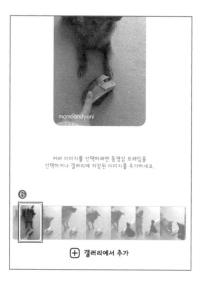

❺썸네일 변경을 위해 [커버 사진]을 클릭합니다.
❻동영상에서 썸네일로 적합한 부분을 선택하거나 갤러리에서 사진을 추가하여 변경합니다.

❼[문구 입력]을 터치하고 캡션을 적어줍니다.

❽[공유]를 누르면 동영상 업로드가 완성됩니다.

인스타그램에 업로드할 수 있는 동영상 해상도 및 크기는 다음과 같습니다.

화면 비율이 1.91:1~9:16인 동영상

동영상 프레임 속도 최소 30FPS(초당 프레임), 해상도 최소 720픽셀

길이가 10분 이하 동영상의 최대 파일 크기는 650M

길이가 최대 60분인 동영상의 최대 파일 크기는 3.6GB

커버 사진 권장 크기 420X654 픽셀 또는 1:1.55

스마트폰으로
감성 사진 찍는 꿀팁

간단한 카메라 세팅과 사진 찍는 습관을 바꾸는 것만으로도 사진이 확 달라집니다. 사진에 정말 자신이 없는 분들도 인스타 감성 사진을 쉽게 찍을 수 있는 방법을 소개합니다.

♡ ◯ ◁

아주 간단한 카메라 설정

첫째, 그리드(격자) 이용하기

'나는 정말 사진에는 똥손이야'라고 생각하는 분들께 딱 한 가지만 말씀 드린다면, 그리드 기능을 활용하라는 조언을 드립니다. 이 격자 기능은 모든 휴대폰에 있지만 대부분의 사람들은 사용하지 않고 전문가들은 모두 활용하는 기능입니다.

전문가들이 찍은 사진을 보면 피사체가 정중앙에 있지 않더라도 굉장히 감각적일 때가 많은데 이런 사진들은 대개 그리드를 이용해 안정적인 구도를 미리 계산하고 찍은 사진들입니다. 쉬운 예로 그리드의 점이 교차하는 부분에 피사체를 맞춰 찍으면 안정적이면서도 감성 있는 사진을 연출할 수 있습니다.

만약 사진을 찍을 때 그리드의 교차점에 피사체를 맞추지 못했다면 게시물을 업로드하기 전 사진 보정 작업에서 Crop(자르기) 기능을 활용해 사진의 구도를 맞추는 작업을 먼저 하신 후 업로드하면 됩니다.

그리드의 교차점에 피사체를 맞춰 찍은 사진

<갤럭시 휴대폰 격자 설정 방법>

❶휴대폰의 카메라 앱을 켜서 왼쪽 상단 설정 아이콘을 눌러주세요.

❷카메라 설정에서 [수직/수평 안내선]을 활성화시킵니다.

❸이제 갤럭시 휴대폰의 카메라 앱을 열면 격자가 표시되어 있는 것을 확인할 수 있습니다.

<아이폰 휴대폰 격자 설정 방법>

 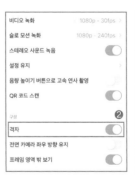 

❶휴대폰 [설정]에서 카메라를 선택해 줍니다.

❷구성에서 [격자]를 찾아 활성화시켜줍니다

❸이제 아이폰의 카메라 앱을 열면 격자가 표시되어 있는 것을 확인할 수 있습니다.

둘째, 빠른 카메라 모드 전환 이용하기

인스타그램을 하다 보면 게시물을 업로드하기 위해 많은 양의 사진이 필요합니다. 대부분의 인플루언서들은 사진을 바로 찍어서 올리는 경우보다는 미리 사진을 많이 찍어 놓고 게시물 업로드 계획에 따라 활용하는 경우가 일반적이죠.

그렇기 때문에 평상시에 언제 어떻게 쓰일지 모르는 사진들을 많이 찍어 놓는 것이 필요합니다. 그런데 사진이라는 것이 참 찰나의 순간에 좋은 콘텐츠가 될 만한 사진을 놓치는 경우가 많기 때문에 언제든 바로 사진을 찍을 수 있는 환경을 미리 만들어 놓는 것이 중요합니다.

안드로이드폰의 경우 [설정]에서 [잠금화면]을 클릭하면 [바로가기]라는 항목이 있습니다. 여기에서 [하단 모서리]를 클릭하시고 기본 카메라 앱 또는 내가 평상시 즐겨 쓰는 카메라 앱이 있다면 설정하셔도 좋습니다. 이렇게 설정해 두면 화면 잠금 상태에서도 지문이나 얼굴인식, 패턴 등의 비밀번호를 풀지 않고도 찰나의 순간을 포착할 수 있어 콘텐츠로 쓸 수 있는 사진들을 쉽게 확보할 수 있습니다.

❶휴대폰에 [설정]에서 [잠금화면]으로 들어가주세요.
❷[바로가기]를 활성화시킨 후 클릭해 줍니다.

❸[하단 모서리]를 선택합니다.

❹화면 상단에 바로가기를 [사용중]으로 활성화시켜줍니다.

❺왼쪽, 오른쪽 바로가기 중 편한 곳에 카메라 앱을 선택합니다.

❻이제 [잠금화면]에서도 빠른 카메라 모드를 활용해 찰나의 순간을 촬영할 수 있습니다

셋째, 라이브 포커스 또는 인물사진 모드 활용하기

라이브 포커스 기능은 내가 찍고자 하는 피사체에만 초점을 맞춰 배경 부분은 뿌옇게 흐리게 나오는 기능입니다. 원하는 피사체만 또렷하게 살려서 초보도 굉장히 사진을 잘 찍은 것 같은 느낌을 낼 수 있습니다.

사진 촬영 시 휴대폰 기종에 따라 [라이브 포커스] 기능을 선택하거나 [인물 사진] 모드로 촬영하는 방법이 있습니다. 배경을 흐리게 하고 싶은 정도를 선택해서 촬영을 할 수도 있습니다. 만약 이 모드를 활용하지 못하고 일반 사진을 찍은 경우에도 원하는 피사체를 제외한 나머지 부분을 블러 처리 하면 다양한 앱을 통해 후보정으로도 가능합니다.

다음은 일반 사진을 소다 앱의 라이브 포커스 기능을 사용해 보정한 사진입니다.

기본 옵션으로 찍은 사진

SODA 앱을 사용해 후보정한 사진

♡ ◯ ◁
사진 찍을 때 유의점

첫째, 흔들림 없이 찍기

사진을 찍을 때, 아무리 잘 찍어도 막상 찍은 사진을 다시 보면 사진이 흔들려서 안타까운 적 있으셨죠? 간혹 흔들린 사진이 인스타 감성과 잘 맞아서 그 사진 한 장으로도 몇천 개의 '좋아요'를 받는 아주 드문 경우도 있긴 하지만 대부분은 사진을 흔들리지 않게 잘 찍는 것이 중요합니다.

흔들림 없는 사진을 찍기 위한 작은 꿀팁을 드리면, 사진 촬영을 할 때 팔을 옆구리 쪽에 딱 붙여서 팔의 움직임을 최소화해주는 방법이 있습니다. 또는 삼각대를 이용해서 고정된 상태에서 사진을 촬영하는 방법도 있습니다.

둘째, 렌즈 청결 확인하기

렌즈를 깨끗하게 하는 것은 촬영의 기본 중의 기본이지요. 요즘은 스마트폰에서 렌즈가 깨끗하지 않으면 '카메라 렌즈를 깨끗하게 하면 더 좋은 사진을 찍을 수 있습니다'라는 문구가 뜨기도 합니다. 하지만 은근히 습관이 되지 않으면 이 부분도 놓치기 쉽습니다.

애써 예쁘게 찍은 사진이 렌즈가 청결하지 못해 지저분하게 나왔다면 얼마나 속상할까요? 이런 경우를 대비해 평상시에도 사진 촬영 전에는 꼭 카메라 렌즈를 한 번씩 닦는 습관을 길러보시기를 권해 드립니다.

다른 사람의 게시물을 볼 때 예쁜 사진이 있으면 꼭 [저장] 기능을 활용하셔야 합니다. 그러면 사진을 찍을 때 미리 저장되어 있는 사진을 한 번 훑어보면서 벤치마킹할 수 있는 사진을 찾아보고 그와 유사한 느낌으로 보다 손쉽게 감성 사진을 찍을 수 있습니다. 사진에 자신 없어 하는 분들에게 가장 추천하고 싶은 방법입니다.

한 수강생의 경우, 본인은 사진을 정말 못 찍는다고 하면서 사진 수업을 따로 들어야 할 것 같다고 말했던 분이 있었습니다. 저는 일단 다른 사람들의 사진을 많이 보고 최대한 그와 비슷하게 찍어보라고 말씀드렸습니다. 그렇게 다른 사람의 사진을 보면서 벤치마킹하고 싶은 사진을 저장하고, 또 휴일이면 직접 사진을 찍어 보는 연습을 하면서 꾸준히 게시물을 올렸습니다. 그 결과 한 달 만에 20개도 안 되는 게시물로도 팔로워 1000명 이상을 모을 수 있었습니다. 사진을 정말 잘 찍는다는 평을 들은 건 물론이고요.

인스타그램뿐 아니라 다른 매체를 볼 때에도 예쁜 사진을 보면 꼭 저장을 하는 습관을 들여 보세요. 그리고 그와 비슷한 느낌으로 사진을 찍어보면서 실력을 조금씩 키워간다면 언젠가 사진 장인이 된 자신을 발견할 수 있을 거예요.

인스타 감성 사진을 위한 카메라 앱

첫째, 셀피 보정용 앱(SODA, Ulike, Remini)

'인스타그램 속 인플루언서들은 어쩜 하나같이 완벽한 비주얼을 가지고 있을까?'하는 생각해본 적 있으신가요? 보정 앱을 잘 활용하는 것만으로도 인스타그램에 게시할 만한 사진을 충분히 만들 수 있습니다.

셀카를 찍거나 일반 카메라로 찍은 사진을 뷰티용으로 보정하기에 가장 좋은 앱은 소다나 유라이크입니다. 특히 소다 앱의 경우 셀카를 찍을 때 그 사람에게 가장 잘 어울리는 보정 앱을 추천해 주는 것으로 유명합니다. 바로 퍼스널 컬러 진단을 해주는 기능인데 저와 지인들을 테스트해 본 결과 정확도가 꽤 높았습니다. 사람마다 가장 잘 어울리는 필터를 추천해 주기 때문에 '어떤 필터를 사용할지 모르겠다' 싶은 분들이라면 소다 앱을 추천합니다.

앱으로 셀피를 찍을 경우 화질이 떨어지는 것이 일반적이기 때문에 화질 개선을 위해 Remini라는 앱을 이용해 화질을 높여서 게시물을 업로드하시는 것도 좋은 방법입니다.

⬤ SODA	셀카 촬영 시 자동으로 퍼스널 컬러 진단을 해주고, 색감 표현이 좋아서 필터를 고르기 어려울 때 활용하기 좋음
Ulike	셀카 촬영 시 너무 인위적인 포샵 느낌이 나지 않아 자연스러우면서도 부드러운 이미지를 표현할 때 좋음
Remini	앱으로 촬영해 화질이 떨어진 사진들의 화질을 개선하기에 좋음

둘째, 인스타 감성 필터 보정용 앱(VSCO, 스냅시드, 푸디)

VSCO는 인스타 감성 사진을 만드는 앱으로 가장 많이 알려진 앱입니다. 무료 버전을 사용할 수도 있지만 편집 값을 복사해서 붙여넣기를 하거나 조금 더 다양한 기능을 사용하기 위해서는 유료 결제가 필요합니다. 사진에 어울리는 다양한 필터를 추천해 주기도 하고, 텍스트를 쓰거나 노출 대비 톤 등을 조율할 수 있어 인스타 감성을 만들기에 굉장히 유용합니다.

VSCO 앱의 가장 큰 장점은 전 세계 사람들의 사진을 보고 스터디를 할 수 있는 점입니다. [발견] 탭을 통해서 여러 사람들이 찍은 퀄리티 높은 사진을 감상할 수 있고, 또 이 사진이 VSCO 앱의 어떤 필터를 사용해서 편집됐는지 살펴봄으로써 사진을 공부하기에도 굉장히 효과적입니다.

스냅시드나 푸디 앱 또한 풍경이나 컨셉 사진을 찍기에도 유용하기 때문에 여러 앱을 활용해 보면서 자신에게 맞는 앱을 찾아보시기 바랍니다.

◎ VSCO	'인스타 감성'의 무드를 표현하기에 가장 적합하며 보정값을 복사해서 사진이나 동영상에 붙여넣기가 가능해 피드의 톤앤매너를 유지하기 좋음
▲ Snapseed	몽환적이거나 이국적인 느낌의 색상을 표현하기에 좋음
◉ Foodie	음식 사진을 가장 맛있게 표현할 수 있는 앱으로 동시에 셀카를 찍을 때도 예쁜 색감을 표현하기에 좋음

원본 사진   VSCO 앱을 통해 보정한 사진

원본 사진   Snapseed 앱을 통해 보정한 사진

원본 사진   Foodie 앱을 통해 보정한 사진

셋째, 동영상 앱(키네마스터, 비바비디오, Meitu)

인스타그램 피드에 꼭 동영상을 업로드하지 않는다 해도 릴스나 스토리를 활용하기 위해 동영상 앱의 활용이 매우 중요해졌습니다. 일반적으로 유튜브 영상처럼 긴 영상을 제작하는 것이 아니기 때문에 스마트폰 앱으로도 충분히 편집이 가능합니다.

동영상 파일의 컷편집 또는 재생 속도 조절 및 자막을 넣을 때는 키네마스터나 비바비디오 같은 앱을 활용하면 좋습니다. 또 최근 릴스를 보면 동영상에도 굴욕 없는 몸매의 인스타그래머들을 보고 놀라신 적 있으시죠? '아니 동영상이라 포토샵도 힘들 텐데 어떻게 이런 비율을 유지할 수 있지?'라는 생각도 드셨지요? 이제 Meitu 앱을 통해 여러분도 8등신 비율로 보정한 영상을 만드실 수 있습니다.

K	키네마스터	유튜브 영상 편집까지 가능할 정도로 가장 다양한 동영상 편집 기능 제공
	비바비디오	휴대폰을 이용해 간단한 컷편집뿐 아니라 자막과 효과 삽입에도 편리함
	Meitu	사진은 물론 동영상에서도 몸매 보정 기능이 있어 뷰티, 패션 계정에 활용도가 매우 높음

그럼 Meitu 앱을 통해 동영상 몸매 보정하는 방법을 알아보겠습니다. 먼저 앱을 설치하고 실행한 후 동영상 탭을 눌러줍니다. 그리고 휴대폰에 있는 파일 중 비디오를 선택해서 보정할 동영상을 선택합니다. 비디오를 가져오고 나서 별도의 동영상 편집이 필요하지 않다면 [동영상 리터칭]을 눌러줍니다. 몸매 보정하기로 바로 가려면 [신체 보정]을 누릅니다. 그리고

머리 크기와 바디슬리밍 다리 길이 등을 적당하게 선택한 후 V 표시를 누르면 동영상 몸매 보정이 완료됩니다.

❶Meitu 앱을 열어 [동영상]을 선택합니다.
❷편집하고자 하는 비디오를 불러옵니다.

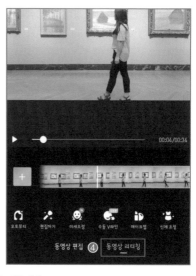

❸[동영상 편집] 기능을 활용해 컷편집 또는 자막을 추가합니다.
❹컷편집이 불필요하거나 컷편집이 완료되었다면 [동영상 리터칭]을 눌러줍니다.

❺머리 크기 및 바디 슬리밍, 다리 길이 조절 등 원하는 보정을 합니다.
❻보정 전후의 영상을 비교하며 자연스럽게 보정해줍니다.

원본 동영상   Meitu 앱을 통해 보정한 동영상

눈길을 사로잡는
그리드 만들기

누군가의 인스타그램 계정에 방문했을 때 한눈에 보이는 격자 형식의 무늬를 '그리드'라고 부릅니다. 이 그리드가 중요한 이유는 사람들이 가장 빠른 시간 안에 이 계정을 팔로우할지 말지를 결정짓는 역할을 하기 때문입니다.

♡ ◯ ⎘

그리드를 역동적으로 만드는 방법

그리드는 최대한 매력적으로 꾸며야 합니다. 이때 가장 유용하게 쓸 수 있는 방법이 피사체의 크기를 대 중 소로 나눠서 다양하게 구성하는 방법 입니다.

피사체의 크기가 계속해서 일정하게 표현되면 조금은 지루하고 인스타 감성과 멀어질 수 있습니다. 다음의 첫 번째 사진은 피사체의 크기가 거의 일정합니다. 이 경우 그리드가 조금은 따분해 보일 수 있습니다. 반면 두 번째 사진은 피사체의 크기가 커서 피드를 꽉 채운 사진부터 여백이 많은 사진까지 대 중 소별로 자연스럽게 섞여 있다 보니 훨씬 더 생동감 있고 인스타그램 감성이 느껴집니다.

피사체 크기가 동일한 그리드

피사체 크기가 다양한 그리드

피드의 위 아래 양옆 피사체 크기를 계속 다르게 퐁당퐁당 보이게 하는 전략으로 보다 쉽고 간편하게 내 그리드를 매력적으로 보이게 할 수 있습니다.

썸네일의 경우도 평소에 사진을 찍을 때 같은 피사체라도 한번은 프레임 안에 꽉 차게 찍고, 또 한번은 여백이 어느 정도 보이게 찍는 등 다양한 크기로 찍어두면 피드 구성에 맞춰 효과적으로 사용할 수 있습니다.

썸네일 피사체 大

썸네일 피사체 中

썸네일 피사체 小

썸네일 피사체 大 예시

썸네일 피사체 中 예시

썸네일 피사체 小 예시

♡ ♢ ◁

미리보기로 그리드 먼저 구상하고 게시물 업로드하기

인스타그램 피드는 하나의 게시물을 올리면 왼쪽으로 한 칸씩 밀리면서 게시물이 올라갑니다. 게시물을 올렸을 때 전체적인 그리드 느낌이 어떨지 미리 예측을 해보고 올리는 것이 좋습니다. 이때 유용하게 쓸 수 있는 앱이 바로 '프리뷰'입니다. 게시물을 올렸을 때 인스타그램 그리드는 이런 느낌이 되겠구나 라는 것을 미리 시각적으로 확인할 수 있습니다.

그래서 몇 개의 썸네일을 만들어놓고 그중 어떤 것이 전체적인 그리드 느낌과 가장 잘 매치가 될지를 확인해 보는 것이 좋습니다. 어느 백만 유튜버는 영상을 올리기 전 썸네일을 세 개 정도를 미리 만들어 놓는다고 합니다. 왜 그럴까요? 사람들에게 가장 잘 공감될 만한 썸네일을 찾기 위해서입니다. 먼저, 썸네일 A를 올리고 초기 반응을 본 후에 반응이 생각보다 미지근하면 썸네일 B와 C를 바꿔 써 보면서 어떤 썸네일의 반응이 가장 좋은지를 보고 그 썸네일로 고정을 하는 거죠.

프리뷰 앱을 통해 미리 사진을 올렸을 때의 그리드 느낌을 확인한 후 썸네일 사진을 결정하실 것을 추천 드립니다.

얼핏 보기에는 아래 세 사진에 어떤 차이가 있는지 알아채기 힘들 수도 있습니다. 하지만 맨 앞장의 사진을 보면 소품의 위치가 각기 다르고 사진의 구도도 다르다는 것을 찾으실 수 있을 거예요. 저는 이렇게 하나의 피드를 올릴 때도 몇십 장의 사진을 찍은 후에 그 중에서 가장 마음에 드는 사진 3~4장을 미리 프리뷰 앱을 통해 어떤 사진이 그리드 무드를 가장 예쁘게 표현하는지 확인해보고 올립니다.

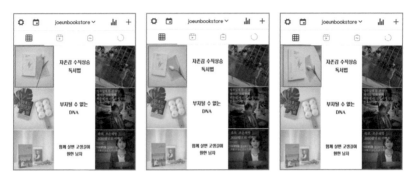

프리뷰 앱으로 게시물 업로드 전 그리드 느낌을 미리 확인

굳이 프리뷰 앱을 사용하지 않더라도 계정을 하나 따로 만들어서 미리 확인하는 방법도 있겠죠? 비공개 계정을 만들어서 거기에 미리 업로드해봄으로써 피드를 올렸을 때 내 계정의 느낌이 어떻게 표현되는지 확인해보는 것도 좋습니다.

♡ ◯ ▽

'여백의 힘' 이용하기

그리드를 꾸밀 때 가장 강조하고 싶은 부분이 '여백'입니다. 인스타그램을 처음 시작하면 많은 분들이 무조건 피사체로 꽉 채워진 사진으로 피드를 구성하는 경우를 종종 봅니다. 하지만 이런 그리드는 답답하고 지루할 뿐 아니라 곧 인스타그램 감성과 멀어지는 지름길이기도 합니다.

인스타그램용 사진을 찍고 업로드할 때는 반드시 '여백의 힘'을 활용하시기 바랍니다. 여러분이 팔로우하는 계정들만 살펴봐도 이런 여백의 힘을 굉장히 잘 이용하고 있다는 것을 알 수 있습니다.

평소 사진을 찍을 때 피사체가 꼭 프레임 안을 다 채워야 한다는 부담을 버리고 여백이 충분히 드러나는 사진들로 업로드해 보세요. 그것만으로도 여러분 계정의 그리드가 인스타 감성이 묻어나는 계정으로 변신할 수 있습니다.

여백을 잘 살린 그리드와 사진들

소통하는 인스타그램
캡션 작성법

인스타그램하면 감성 사진이지만 그에 못지않게 피드에 올리는 글인 '캡션'의 역할도 무시할 수 없습니다. 매력적인 캡션으로 소통을 이끄는 인스타그램식 글쓰기에 대해 알려드립니다.

♡ ◯ ⎯◁

마음을 사로잡는 첫 줄 쓰기 방법
(선팔, 맞팔 같은 단어를 절대 쓰지 마세요)

흔히 인스타그램하면 사진이 가장 중요하다고 생각하시지요? 그런데 요즘은 '캡션'이라고 불리는 피드에 쓰는 글의 중요성도 점점 높아지고 있습니다. 유튜브 영상을 볼 때도 카피라이팅이 갖는 힘은 생각보다 훨씬 막강하지요. 어떤 영상을 볼지 우리의 클릭을 결정짓는 요소 중 썸네일에 적혀있는 글귀가 엄청나게 큰 역할을 하는 것처럼요.

마찬가지로 인스타그램도 홈 화면에 뜬 콘텐츠에 더 보기를 누를까 말까를 결정짓는 데는 첫 줄에 적힌 문구가 아주 큰 영향을 미칩니다. 그런데 많은 분들이 이 첫 줄을 무의미하게 선팔, 맞팔 같은 단어들로 그냥 흘려보내는 경우가 있습니다. 선팔이나 맞팔 같은 해시태그로 내 게시물에 누군가 유입이 될 수는 있겠지만 그들은 결국 서로 맞팔을 해줄 품앗이의 대상밖에 되지 않겠지요? 즉 내 진성 팔로워 또는 잠재적 구매 고객이 되어 줄 수 없다는 뜻입니다.

피드의 첫 줄에는 반드시 나의 팔로워들이 보고 그냥 지나칠 수 없는 문구를 적어주는 것이 포인트입니다. 아래 두 게시물을 통해 눈길을 사로잡는 첫 줄을 비교해 보세요.

비추

추천

첫 번째 피드 캡션의 첫 줄은 #선팔맞팔 #멍팔맞팔이라는 해시태그로 시작하고 있습니다. 이런 첫 줄은 이 피드를 보는 사람에게 그다지 매력적이지 않습니다. 왜냐하면 사람들은 자신에게 유용한 것 또는 자신이 관심 있는 이야기에만 관심이 있으니까요.

두 번째 캡션의 첫 줄은 '31번째 책나눔', 당시 출간된 지 채 일주일이 되지 않은 신간이었지요. 이 책을 나눠주겠다는 내용이 첫 줄에 실려 있다면 책을 좋아하는 사람들 입장에서 그냥 지나치기는 쉽지 않겠지요? 실제로 제가 저 게시물을 업로드했을 때 팔로워가 2000명대였는데 '좋아요' 수가 800개가 넘게 나왔습니다. 그이유는 바로 사진 때문만이 아니라 글의 힘도 있었다는 것을 꼭 기억하면 좋겠습니다.

$$\heartsuit \quad \bigcirc \quad \triangledown$$

인스타그램식 가독성 높이는 방법

흔히 유튜브, 인스타그램, 블로그를 비교할 때 유튜브가 동영상 기반이라면 인스타그램은 사진 기반, 블로그는 텍스트 기반이라고 할 수 있죠. 그렇다면 가독성이라는 측면에서 인스타그램식 글쓰기는 블로그식 글쓰기와 어떻게 달라야 할까요?

블로그에 한 번이라도 글을 써 보신 분들은 잘 아시겠지만 네이버 블로그의 경우, 글쓰기가 굉장히 자유로운 편입니다. 글자 수 제한도 없고, 글자크기나 색깔, 줄 간격 등을 자유롭게 변경해서 가독성을 쉽게 높일 수 있습니다.

하지만 인스타그램은 글자 수도 띄어쓰기와 이모티콘까지 포함해 1500자 정도이고, 글씨 크기나 색깔도 바꿀 수 없을 뿐 아니라, 줄 간격도 한

줄 이상 띄울 수 없어 가독성을 높이는데 매우 제한적입니다.

일례로, 많은 분들이 줄 간격을 띄우려고 엔터키를 아무리 눌러도 줄 간격이 한 줄밖에 생기지 않아 세로로 … 을 넣어 공간을 만드는 방법을 쓰기도 합니다. 여기서 훨씬 간편하고 깔끔하게 줄 생성을 할 수 있는 다음의 사이트를 활용해보시는 것을 권장해 드립니다.

세로로 …을 넣어 공간을 만든 예시

인스타 공백닷컴 사이트

인스타그램 줄바꾸기 app

가독성을 높이는 첫 번째 방법으로, 줄 간격을 만들어 주는 '인스타 공백닷컴' 사이트를 추천합니다. 사이트에 들어가 작성한 글에 줄 간격을 만든 후 복사해서 인스타그램에 붙여넣기하여 발행하면 훨씬 더 가독성 있는 글을 올릴 수 있습니다.

PC가 아닌 모바일로 글을 쓰신다면 '인스타그램 줄바꾸기'라는 앱을 통해 가독성 있는 글쓰기에 활용할 수도 있습니다.

두 번째는 이모티콘을 활용하는 방법입니다. 캡션 중간 중간 문장의 내용에 맞는 이모티콘을 넣어줌으로써 주목성과 가독성을 높일 수 있습니다. 단, 지나친 이모티콘 사용은 오히려 산만해 보일 수도 있으니 적당하게 사용하는 것이 좋습니다.

마지막으로 #해시태그도 적절히 사용하면 강조가 될 수 있습니다. 이것도 지나치게 많이 사용할 경우 가독성을 떨어뜨리는 요인이 될 수 있으니 강조의 의미로 쓰는 것 외에 일반 해시태그 키워드는 줄 간격을 많이 둔 후 본문의 마지막에 쓰는 것을 권합니다.

줄 간격이 전혀 없어 가독성이 떨어지는 글

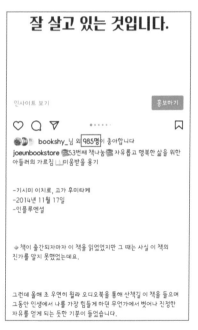

줄 간격 생성으로 가독성을 높인 글

♡ ◯ ⯅

댓글을 부르는 글쓰기 방법

처음 인스타그램을 시작하면 많은 사람들이 댓글을 받지 못하는 '무플'이라는 벽에 부딪힙니다. 오죽하면 '악플보다 무서운 게 무플'이라는 말이 있을까요.

그런데 그거 아세요? 어떤 글은 정말 댓글을 달아주고 싶어도 뭐라고 달아야 할 지 막막하게 만드는 글이 있다는 거. 그런 글에는 대개 다음과 같은 특징이 있습니다.

첫째, 내용이 너무 어려운 글

정보를 주는 글들이 특히 이런 경향이 많은데요. 가령 책리뷰를 할 때, 어려운 책을 읽고 쓴 글은 사실 쓰는 사람의 역량이 엄청나게 뛰어나지 않는 한 책의 난이도에 따라 글도 같이 어려워질 수밖에 없겠지요. 이런 경우 사람들이 글을 한참 동안 읽어도 결국 댓글로 쓸 말이 없어서 그냥 '좋아요'만 누르고 나가게 되는 경우가 많습니다.

예를 들어 보면, 제 코칭수업의 수강생이었던 한 약사님은 전문 용어로 빼곡한 글을 올린 경우도 있었습니다. 이 피드를 보는 사람들이 같은 '약사'라는 직업군이라면 전혀 문제가 없겠지만 일반인에게 정보를 나누고자 올렸다면 어떨까요? 이렇게 어려운 게시물은 좋은 반응을 얻기가 힘들겠죠? 그래서 약사님께 이런 피드백을 드렸습니다. "저는 병원에서 근무한 경험도 있고, 분자 생물학을 전공한 이과생에, 매일 텍스트를 읽는 사람인데도 이 글이 너무 어렵네요. 그렇다면 다른 분들은 어떨까요?"

이처럼 글을 쓸 때 나한테는 너무나도 쉬운 내용이지만 다른 사람들에게는 어려운 내용일 수 있다는 점을 늘 염두에 두고, '지식의 저주'에서 빠져나오는 연습을 하시는 것도 매우 중요합니다.

둘째, 공감하기 어려운 글

제가 생각하는 인스타그램의 가장 큰 특징은 '취향'과 '공감'인데요. 나와 취향과 관심사가 비슷한 사람들과의 공감이라고 할까요? 취향저격의 '부캐'라 불리는 서브 계정의 인기가 날로 높아지는 것만 봐도 쉽게 알 수 있지요. 글에 공감할 만한 내용이 있으면 함께 보고 싶은 친구의 계정을 댓글로 태그하면서 자연스럽게 퍼져나가게 됩니다. 반대로 공감을 할 수 있는 부분이 전혀 없다면 당연히 댓글을 받기가 쉽지 않겠죠?

셋째, '대화체로 쓰기'와 '질문하기'

SNS 세상에서 '친근감'은 필수입니다. 온·오프라인을 막론하고 우리는 누구나 친절한 사람과 친구가 되고 싶어 합니다. 글에서도 이런 무드가 느껴지기 때문에 일방적이거나 무뚝뚝함이 느껴진다면 댓글을 받기 어렵겠지요?

이런 모든 경우의 수에도 불구하고 댓글을 불러오는 치트키가 있습니다. 그건 바로 '대화체로 쓰기'와 '질문하기'입니다. SNS에서 대화체로 글을 써본 적이 없는 분들에게는 다소 민망하고 쉬운 일이 아닐 수도 있습니다. 하지만 조금씩 소통하는 글쓰기 방식에 익숙해지면 어느새 SNS속 친구들과 자연스레 소통하며 인싸가 되어가는 자신을 발견할 수 있을 거예요.

또 다른 치트키는, 마지막 문장은 반드시 '질문으로 끝내기'입니다. 열 번을 강조해도 모자라지 않은 부분이에요. 우리가 대화를 할 때도 본인의 이야기만 계속하는 사람과는 소통하는 느낌을 받을 수가 없지요? 반대로 질문의 힘을 아는 사람은 대화를 할 때도 적절히 이 '질문하기'의 기술을 잘 활용합니다.

설령 위에서 언급한 것처럼 피드 글이 다소 어렵고 딱딱하다 해도 마지막 문장을 질문 형태로, 팔로워들이 말하고 싶어 하는 부분을 잘 캐치해서 던져준다면 많은 댓글을 받을 수 있습니다.

다음은 제가 캡션 마지막에 질문했을 때, 댓글이 가장 많이 달린 질문들입니다.

Q. 여러분의 다이어트를 망치게 하는 주범은 무엇인가요?
Q. 재밌게 보신 미드가 있다면 알려주세요~
Q. 여러분의 인생 책을 공유해 주세요~
Q. 여러분은 인친이 현친이 된 경험이 있으신가요?
Q. 여러분이 가장 여러 번 본 영화는 무엇인가요?

여러분의 팔로워들이 이야기하고 싶어서 입이 간질간질할 질문거리는 무엇일까요?

그 질문을 피드 글 마지막에 적어준다면 분명 훨씬 더 많은 댓글을 받을 수 있을 거예요. 단, 그날의 게시물과 전혀 상관없는 질문이 아닌 조금이라도 연관성이 있는 질문을 적어주셔야 더 자연스럽다는 거 아시죠?!

♡ ▢ ◁

계정 컨셉에 맞는 글쓰기 방법

인스타그램식 글쓰기의 기본은 계정 컨셉에 맞는 글쓰기입니다. 컨셉에 따라 사용하는 단어도 다르고 소통 방식도 조금씩 다르기 때문에 내 계정에 맞는 글쓰기 무드를 유지하는 것도 하나의 팁이 됩니다.

첫 번째 사진처럼 글귀를 컨셉으로 하는 #글귀그램과 같은 계정에서는 조금 진지한 글이 더 잘 통합니다. 의미 있는 글로 사람들에게 감동을 줌으로써 공감을 받기 때문에 이런 계정은 동기를 부여하거나 자극이 될 수 있는 감동적인 글을 쓰는 것이 좋습니다.

#글귀그램의 글쓰기

#멍스타그램의 글쓰기

#육아스타그램의 글쓰기

이와는 전혀 다른 느낌의 계정도 있지요. #멍스타그램으로 불리는 반려견을 컨셉으로 하는 계정을 보면, 1인칭 강아지 시점에서 강아지가 말하듯이 글을 쓰는 경우가 많습니다. 왜냐하면 이런 글쓰기 방식이 훨씬 더 친근감을 불러일으키기 쉬울 뿐 아니라 팔로워들과의 자연스러운 소통을 이끌어내고, 계정의 특색을 살리기에도 유리하기 때문입니다.

마지막의 육아 정보와 팁을 나누는 #육아스타그램의 경우 자연스럽게 정보를 제공하면서도 소통을 유도하기 위해 말하듯이 글을 쓰는 것과 육아맘들끼리만 쓰는 #육퇴 #아들둘맘 등의 단어와 해시태그로 공감대를 형성하는 글쓰기를 하면 훨씬 더 소통이 쉬워질 수 있습니다.

콘텐츠 제작에
유용한 플랫폼

포토샵이나 일러스트, 파워포인트 같은 전문적인 툴 없이도 퀄리티 높은 콘텐츠를 만들 수 있는 디자인 플랫폼과 캡션을 쓸 때 가독성을 높이기에 좋은 사이트를 소개해 드립니다.

♡ ♢ ▽

고퀄리티 디자인 플랫폼_망고보드

인스타그램 게시물을 보면 '이런 사진은 대체 어떻게 찍는 거야?'부터 '이렇게 전문적인 상세 페이지와 카드뉴스는 도대체 어떻게 만드는

거지?'라는 생각한 적 있으시죠?

요즘은 인스타그래머들이 전부 포토샵 전문가가 아닐까 싶을 만큼 콘텐츠를 잘 만드는 분들이 굉장히 많습니다. 물론 진짜 그런 분들도 있겠지만 대부분의 비결은 포토샵도, 파워포인트도, 일러스트도 아닌 디자인 플

랫폼을 이용하는 것입니다.

어릴 때 종이인형 옷 입히기 해보셨지요? 정말 종이인형의 옷을 갈아입히는 수준으로 쉽게, 전문가 못지않은 퀄리티의 콘텐츠를 만들 수 있는 방법이 있습니다.

가장 대표적인 플랫폼은 '망고보드'입니다. 다양한 폰트와 애니메이션 그리고 동영상 제작까지 가능하기 때문에 인스타그램뿐 아니라 유튜브 영상, 썸네일 제작에도 굉장히 유용합니다. 하지만 워터마크 제거 및 일부 서비스를 이용하기 위해서는 유료 결제가 필요한 아쉬움이 있습니다.

♡ ○ ▽
무료 디자인 플랫폼_미리캔버스

망고보드만큼 다양하지는 않지만 '미리캔버스'는 모든 서비스가 무료로 제공되며 따로 워터마크도 없는 장점이 있습니다. 플랫폼을 이용해 처음 콘텐츠 제작에 도전한다면 미리캔버스부터 입문하는 것도 좋습니다.

저도 아주 기본적인 폰트를 이용하는 게시물들은 초창기부터 미리캔버스를 이용했습니다. 또 PPT나 전단, 상세페이지 등 필요에 따라 골라서 제작할 수 있기 때문에 다양한 콘텐츠 제작에도 도움이 됩니다.

♡ ◯ ☑

줄 생성 사이트_인스타 공백닷컴

앞에서 인스타그램 글의 가독성을 높여주는 방법으로 줄 생성에 대해 말씀드렸지요? 바로 '인스타 공백닷컴'에 대한 자세한 설명을 드릴까 해요.

회원가입도 필요 없고, 엔터키만으로 원하는 만큼의 줄 생성이 가능하기 때문에 정말 유용하게 사용할 수 있습니다. 캡션을 장문으로 써야 하는 경우라면 반드시 인스타 공백닷컴을 통해 충분한 여백을 만들어 주셔야 합니다. 사용 방법은 매우 간단합니다. 검색창에서 '인스타 공백닷컴'을 검색합니다. 사이트에 들어가서 좌측 상단에 '줄바꿈'을 클릭합니다. 텍스트를 입력하신 후 하단에 [인스타 줄바꾸기 자동 변환]을 누르고, 아래 [복사]를 누른 후 인스타그램 피드에 붙여넣기 하면 됩니다.

조은쌤의 tip

'인스타 공백닷컴'을 사용할 때 한 가지 주의사항이 있습니다. 줄 간격을 띄워 가독성 좋게 줄 생성을 하고 인스타그램에 복사해서 붙여넣기를 할 때, 그 상태에서 만약 줄 간격을 수정할 경우 인스타 공백닷컴에서 만든 간격들이 모두 사라지는 점입니다. 다시 인스타그램에서 글을 쓸 때처럼 아무리 엔터를 눌러도 한 줄만 띄워지게 됩니다. 한 마디로 원점으로 돌아갑니다. 따라서 캡션을 쓸 때 인스타공백닷컴에서 완성형의 글로 작성하시고, 이후의 복사와 붙여넣기 과정에서 줄 간격은 절대 건드리지 않는 것이 중요합니다.

콘텐츠 제작에
유용한 앱

인스타그램에 업로드할 게시물을 만들 때 다양한 앱을 활용하면 보다 쉽게 퀄리티 높고 편리하게 게시물을 만들 수 있습니다. 이 장에서는 콘텐츠 제작에 도움이 되는 다양한 앱을 소개해 드릴게요.

♡ ♢ ▷

사진보정 앱

리무브 오브젝트

야외에서 찰나의 순간을 사진으로 담다 보면 주위에 있는 사람이나 다양한 피사체가 프레임에 함께 담길 수밖에 없지요. 이럴 때 불필요한 개체를 지우고 내가 보이고 싶은 피사체만 담긴 사진을 쉽게 만들 수 있다면 좋겠죠? 포토샵 같은 전문적인 기술이 없이도 앱을 통해서 간단하게 보정이 가능한데요. 대표적인 앱으로 '리무브 오브젝트'가 있습니다.

아래 사진의 경우에도 보정작업을 하고 텍스트를 넣어 카드뉴스를 만들려고 했는데 바로 옆에 사람이 있어서 이 부분의 보정이 필요했습니다. 리무브 오브젝트 앱을 이용해서 간단하게 옆 사람을 지우고, 주위 배경과 전혀 어색함이 없는 사진을 쉽게 만들어낼 수 있었습니다.

❶갤러리에서 수정할 사진을 찾아 업로드합니다.
❷지우고 싶은 부분을 브러시로 선택해 주세요.
❸GO를 눌러 완료 후 저장해줍니다.

블러

다른 사람의 게시물을 리그램하거나 후기를 업로드할 때 또는 다른 사람의 개인 정보나 유출되지 않아야 할 정보를 업로드하는 경우에 모자이크 처리는 필수겠죠?

'블러' 앱을 사용해 한 번의 클릭만으로도 모자이크를 만들 수 있습니다. 모자이크 느낌과 진하기 정도를 선택해서 아주 손쉽게 모자이크 처리가 가능하니 블러 앱을 편리하게 사용해 보세요.

❶모자이크 처리를 할 이미지를 불러옵니다.
❷모자이크 굵기 및 강도를 선택해 주세요.
❸블러 처리할 영역에 적용 후 저장합니다.

BG Erager

사진을 보정하다 보면 배경 이미지를 완전히 다 없애고 피사체만 남기는 형태가 필요한 경우도 있죠? 이 경우 'BG Eraser' 앱을 추천합니다. 이 앱을 통해서 간단하게 피사체만 남기는 작업이 가능한데요. 이렇게 PNG 형식의 사진이 만들어지면 다양한 배경에 사용하기에 편리합니다.

❶앱을 열고 One-Click Cutout을 선택합니다.

❷갤러리에서 배경을 없앨 이미지를 불러오면 자동으로 배경 삭제 처리 과정이 시작됩니다.

❸배경 삭제 과정이 완료되면 HD로 저장을 클릭합니다.

❹워터마크 삭제를 위해서는 결제가 필요하지만 워터마크는 추후에 사진 자르기 기능을 통해 없앨 수 있기 때문에 여기서는 바로 [Save watermarked pictures for free]를 선택합니다.

❺갤러리에서 배경이 없어진 사진을 확인할 수 있습니다.

❻저장된 사진에서 자르기 기능을 활용해 워터마크를 없애줍니다.

♡ ♀ ▽

사이즈 보정 앱

인스타그램에 사진을 업로드할 때 피드에 올리는 사진은 정방향 또는 3:4
의 세로형 사진이 일반적입니다. 그런데 스토리나 릴스처럼 화면에 꽉 차
는 9:16 사이즈가 필요한 경우도 있지요? 사진을 찍을 때 여러 사이즈로
찍으면 좋겠지만 그렇지 못한 상황이라면 사진 크기를 미리 맞춰놓고 업
로드하는 것이 필요한데요. 이때 사용할 수 있는 다양한 앱을 소개합니다.

인샷

'인샷'은 인스타그램 사진 크기로 맞춰
주는 대표적인 앱입니다. 이미지뿐 아
니라 비디오 크기도 조절할 수 있어서
인스타그램에 업로드해야 하는 피드
또는 스토리, 릴스 등 게시물의 유형
에 맞는 크기로 만드는데 굉장히 유용
합니다.

❶앱을 열고 사진 또는 비디오 선택합니다.
❷캔버스를 클릭해서 원하는 사진 크기를 선택할 수 있습니다.
❸[1:1] 정방향 사이즈는 인스타그램 피드에 딱 좋은 게시물 사이즈입니다.

그리드 메이커 포 인스타그램

가끔 인스타그램에서 한 장의 사진이 여러 조각으로 나뉘어서 눈에 띄게 올려진 경우를 볼 수 있는데요. '그리드 메이커 포 인스타그램' 앱을 사용해 하나의 사진을 여러 장으로 나눠주는 기능을 적용한 것입니다.

한 장의 사진을 크게 확대하는 효과가 있기 때문에 광고하고 싶은 콘텐츠가 있거나 전체적인 피드 분위기를 전환하고자 할 때 사용하기 적합합니다.

하지만 사진 조각 중 배경의 일부 같은 의미 없는 사진이 탐색탭에 노출되는 경우, 유입효과를 기대할 수 없기 때문에 이러한 형태의 게시물은 특별한 경우에만 사용할 것을 권합니다.

❶앱을 열고 분할하고자 하는 사진 선택 후 업로드합니다.
❷사진 분할 개수를 필요에 맞게 선택합니다.
❸분할된 사진을 순서대로 인스타그램에 업로드합니다.

인스타 사이즈

'인스타 사이즈' 앱은 인샷처럼 사진을 다양한 크기로 만드는데 활용할 수 있을 뿐 아니라 인스타 감성의 여백을 만들 수도 있습니다. 어떤 계정을 보면 사진이 꽉 차지 않고 적당히 여백이 있어서 그리드가 훨씬 더 예쁘고 감각적으로 보이지요?

❶자르기 기능을 활용해서 인스타 피드 사이즈인 1:1로 조절합니다.

❷필요에 따라 그 외 다른 사이즈로 사진 크기를 자유롭게 변경할 수 있습니다.

❸사각형 두 개가 겹쳐있는 아이콘을 눌러 여백을 넣어줍니다.

❹여백의 폭을 자유롭게 설정해 줍니다.

여백을 만들어주는 유료 앱들도 있지만 인스타 사이즈는 무료 앱이기 때문에 사진을 업로드할 때 여백을 만들고 싶다면 활용해 보는 것도 좋습니다.

♡ ♢ ✈

인스타 감성 콘텐츠 제작 앱

글그램

안드로이드용 앱인 '글그램'은 다양한 컨셉의 배경사진뿐 아니라 여러 가지 폰트를 제공해 #글스타그램 콘텐츠를 만들기에 가장 좋은 앱입니다.

❶앱에 기본으로 구비된 사진 또는 내 사진을 자유롭게 선정합니다.
❷[아름다운 배경 사진에 글쓰기]를 누르면 다양한 테마의 사진들 중 선택할 수 있습니다.
❸원하는 무드와 폰트, 크기, 색상, 효과 등을 선택해 줍니다.

쓰샷

아이폰 유저의 경우 글그램을 사용할 수 없기 때문에 이와 가장 유사한 앱으로 '쓰샷'을 사용할 수 있습니다.

캔바

'캔바' 역시 무료 디자인 툴 중에 가장 유명한 앱으로 많은 분들이 사용하고 있습니다. 다양한 템플릿과 폰트를 활용할 수 있어서 사진보다는 글귀를 콘텐츠로 계정을 운영하려는 분들께 추천합니다.

❶캔바 앱에서 인스타그램 게시물이나 스토리 등 업로드하고자 하는 게시물 형태를 선택합니다.
❷내 계정의 무드와 어울리는 템플릿을 고릅니다.
❸원하는 문구를 넣어줍니다.

라이브 방송의 모든 것

인스타그램에는 사진이나 영상을 업로드하는 기능 외에도 실시간으로 라이브 방송을 할 수 있는 기능이 있습니다. 줄여서 '라방'이라고 하죠. 라방을 하는 이유는 무엇일까요? 피드를 통해 게시물로만 소통하는 것보다 실제 인스타그래머의 얼굴을 보고 소통하는 것이 진성 팔로워를 만들기에 훨씬 용이하기 때문이겠지요. 많은 인스타그래머들이 활용하고 있는 라이브 방송의 모든 것을 알려드립니다.

♡ ○ ◁

라이브 방송하는 방법

라이브 방송은 특히 공동구매를 하거나 서비스를 판매하려고 할 때 굉장히 유리한 기능입니다. 피드에서 글로 설명하는 것보다 실제로 제품을 보여주기도 하고, 말로 설명하기도 하면서 판매를 더 쉽게 유도할 수 있으니까요. 모든 인스타그램 계정에서 라이브 방송은 진성 팔로워를 만들고, 공동구매, 퍼스널 브랜딩을 하는데 도움이 되는 매우 강력한 도구입니다.

실제로 인스타그램에서 라이브 방송을 시작하는 방법을 알려드릴게요. 먼저 내 프로필 화면 오른쪽 상단의 [+]를 눌러줍니다. [라이브 방송]을 선택하면 바로 카메라 모드가 시작됩니다. 왼쪽 아이콘을 눌러 방송을 시청하는 사람들에게 보일 제목을 작성합니다. 캘린더 모양을 눌러서 방송 시간을 미리 설정해두고 시작할 수도 있습니다. 아래 눈 모양을 눌러서 방송 공개 대상을 선택합니다. 이때 라이브 방송이 처음이거나 낯선 경우에는 [연습]을 눌러서 먼저 리허설을 해보는 것도 좋은 방법입니다. 모든 설정이 완료되었다면 라이브 방송 시작을 눌러 방송을 시작합니다.

❶내 계정에서 [+]를 눌러줍니다.
❷[라이브 방송]을 선택해 주세요.

❸왼쪽 첫 번째 아이콘을 눌러 제목을 정합니다.
❹이 때 제목은 팔로워들의 이목을 끌 수 있는 제목을 적어 줍니다.

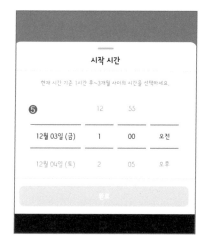

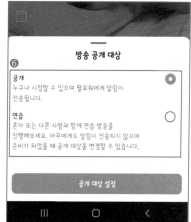

❺캘린더 모양 아이콘을 눌러 라이브 방송 예약하기 기능을 활용할 수 있습니다. (방송 예약을 할 경우 프로필에 표시가 되기 때문에 나의 팔로워들에게 라방 일정을 미리 알려주기 좋습니다.)

❻눈동자 모양 아이콘을 눌러 공개로 바로 시작할 수도 있고, 연습하기 모드를 이용할 수도 있습니다.

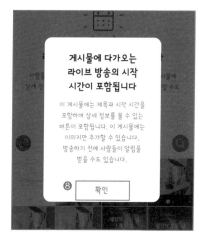

❼라이브 방송 예약 후 게시물을 업로드하면, 게시물에 라이브 방송 일정을 예고할 수 있습니다.

❽[확인] 버튼을 누르고 게시물을 업로드합니다.

❾방송 예약을 할 경우 방송 일정이 프로필에 표시가 되기 때문에 나의 팔로워들에게 라방 일정을 미리 알려주기 좋습니다.

❿나의 팔로워들이 프로필에 있는 나의 라방 일정을 눌러서 알림 받아보기를 설정할 수 있습니다.

⓫한편 업로드한 게시물 좌측 하단에서도 라이브 방송 일정이 보입니다.

⓬팔로워들은 내 게시물의 라이브 방송 일정을 눌러서 라이브 방송 알림을 설정할 수 있습니다.

♡ ◯ ◁

라이브 방송에서 굴욕 없는 얼굴 만드는 방법

요즘은 셀카를 찍을 때 보정 앱을 사용하지 않는 분이 거의 없을 정도로 보편화되었지요? 그래서 가끔은 일반 카메라에 비친 사실적인 모습보다 효과가 들어간 사진이 더 익숙하기도 합니다.

인스타그램 '라이브 방송'을 시작하면 라방에는 보정 효과가 따로 없는 것에 적잖이 당황하게 되는데요. 혹시나 뽀샵 효과가 있진 않을까 방송 시작 버튼 옆의 여러 가지 효과를 눌러봐도 귀여운 이모지나 재밌는 효과들만 있을 뿐 민낯이 그대로 드러나는 것 같아 라이브 방송에 더욱 부담을 느끼는 분들도 있습니다.

이때 쓸 수 있는 꿀팁으로, 스토리에서 미리 포토샵 효과를 다운로드해 놓으면 라이브 방송에서도 적용할 수 있습니다.

먼저 프로필 화면에서 [+]를 눌러서 스토리 만들기 모드로 들어갑니다. 화면 하단에 각종 효과들을 왼쪽으로 쭉 넘기다 보면 돋보기 모양의 효과 검색창을 여는 버튼을 찾을 수 있습니다. 이 버튼을 누르고 검색창에 [glow skin] 효과를 검색하면 다양한 효과가 뜨는 것을 볼 수 있습니다. 이 중 필요한 효과를 카메라에 저장합니다.

이제 다시 라이브 방송으로 들어가면 방금 다운로드한 효과를 사용할 수 있습니다. 라이브 방송 시작 버튼을 누르고 오른쪽 상단의 효과를 누르면 화면 하단에 방금 저장한 포토샵 효과들이 뜨고 이때 적용하고 싶은 효과를 선택해 주면 됩니다.

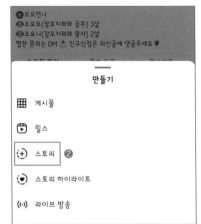

❶내 계정에서 [+]를 눌러줍니다.

❷[스토리]를 누르고 갤러리가 아닌 카메라로 선택한 후 효과를 눌러줍니다.

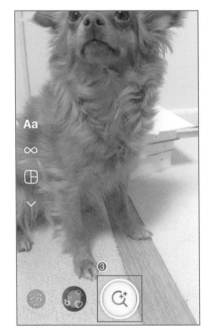

❸효과를 왼쪽으로 끝까지 넘겨서 돋보기 모양의 아이콘을 찾아주세요.

❹검색창에 [glow skin]을 입력하고 효과를 검색합니다.

❺[사용해보기]를 눌러 내 얼굴에 적용할 수 있는 효과인지 테스트합니다.

❻적합한 효과일 경우 내려받기 아이콘을 클릭해서 다운로드한 후, 라이브 방송에서 해당 효과를
적용해 활용할 수 있습니다.

조은쌤의 tip

돋보기가 안 보인다면, 스토리 설정 시 카메라 모드를 누르고 내 셀
카 화면이 나오는 상태에서 효과를 누르면 맨 마지막에 돋보기탭을
찾을 수 있어요!

♡ ⃝ ⊿

친구들과 함께 이원라방 하는 방법

인스타그램 라이브 방송은 1인 방송으로 혼자 진행할 수도 있지만 다른 인스타그램 사용자들과 함께 진행할 수도 있습니다.

편의상 주최하는 계정을 A, 함께 방송할 계정을 B라고 하겠습니다. A계정에서 1인 라이브 방송을 할 때와 같은 방법으로 라이브 방송을 실행합니다. 그리고 B계정에서 A계정의 라이브 방송에 들어가 화면 하단의 [참여 요청]이라는 곳을 누릅니다. 그리고 [요청 보내기]를 실행합니다. 그러면 A계정에 B가 라이브 방송에 참여하고 싶어 한다는 문구가 뜨고, A는 화면 하단의 [라이브 방송에 B님 초대]를 눌러줍니다. 이제 B계정에 A가 참여 요청을 수락했다는 문구가 나오고, 함께 이원라방을 시작하면 됩니다.

❶먼저 라이브 방송중인 친구의 라이브 방송에 입장합니다.
❷친구의 방송에 참여 요청을 보냅니다.

❸친구가 수락을 요청할 때 까지 잠시 기다려줍니다.

❹친구가 요청을 수락하면 분할된 화면에서 함께 라이브 방송을 진행할 수 있습니다.

인기 게시물에 오를 확률이
높은 릴스 활용하기

'릴스'를 만드는 방법은 크게 두 가지가 있습니다. 첫째는 인스타그램에서 직접 만드는 방법이고, 둘째는 릴스를 만드는 앱을 활용하는 방법입니다.

♡ ◯ ▽

인스타그램이 가장
밀어주는 콘텐츠, 릴스

인스타그램에 업로드할 수 있는 게시물의 유형은 일반 피드와 릴스, 스토리, 라이브 방송 동영상으로 나뉩니다. 그중에서도 요즘 가장 핫한 게시물 유형은 짧은 동영상 타입의 '릴스(Reels)'입니다.

릴스란, 15초에서 60초 정도의 짧은 동영상을 녹화하고 수정해서 업로드하는 콘텐츠입니다. 각종 효과를 추가하거나 음악을 넣을 수도 있고, 또 직접 만든 오디오를 이용할 수도 있는 것이 특징입니다. 릴스의 경우 같은 해시태그라도 인기 게시물에 오를 확률이 훨씬 높습니다. 이제 막 계정을 만들어서 팔로워 수가 없다고 해도 일반 게시물보다 인기 게시물 노출 확률이 훨씬 높기 때문에 꼭 릴스를 제작해서 올려보시길 추천합니다.

바이럴되는 릴스는 몇 가지 유형이 있습니다. 이 중 내 계정의 톤앤매너에 맞게 제작할 수 있는 유형을 찾아보세요.

화면전환형 릴스

음악과 함께 사진이나 영상이 빠르게 바뀌며 재생되는 유형으로 별다른 편집 기술 없이도 앱만 잘 활용하면 쉽게 만들 수 있습니다. 화면전환형 릴스를 만들기 위해서는 사진과 동영상 클립 여러 개가 필요합니다. 사진 최소 20장, 동영상 클립 최소 10개 이상을 준비하는 것이 좋습니다.

상황극형 릴스

엔터테이너형의 인스타그래머들이 주로 하는 릴스 타입으로 다양한 표정과 연기력을 이용해 재미있는 영상을 에피소드 형태로 만들 수 있습니다.

정보전달형 릴스

제품 리뷰와 같은 정보전달형 릴스는 누구나 쉽게 만들 수 있는 타입입니다. 리뷰할 제품의 영상에 자막을 이용하는 방법 또는 인스타그래머가 직접 출연해서 다양한 표정이나 제스처를 활용해 이해를 돕는 방법 등이 있습니다.

감성충만형 릴스

시즌성을 활용해 봄꽃이나 여름 바다, 가을의 낙엽, 눈 등을 예쁘게 담아내거나 예쁜 장소, 여행지에서의 이색적인 풍경 등을 담아 만드는 타입입니다.

욕구자극형 릴스

예쁘고 건강한 모습을 추구하는 사람들의 욕구를 활용하는 타입으로, 운동을 하는 역동적인 모습이나 몸매가 잘 드러나는 의상 등을 이용해 릴스를 제작해 볼 수 있습니다.

과정공유형 릴스

영상에서 무언가가 완성되어 가는 것을 보고 싶어 하는 사람들의 욕구를 이용하는 유형입니다. 헤어스타일 또는 메이크업, 음식, 공방 체험 등 다양한 분야에서 활용할 수 있습니다.

화면전환형 릴스

상황극형 릴스

정보전달형 릴스

감성충만형 릴스

욕구자극형 릴스

과정공유형 릴스

인기 릴스 게시물 만드는 방법

❶먼저 프로필 우측 상단 [+]를 눌러줍니다.
❷[릴스]를 선택합니다.

❸15초 또는 30초, 60초 중 원하는 길이를 선택하고 음표 모양 아이콘을 눌러 음악을 선정합니다.
❹음악은 검색을 할 수도 있고, 추천음악을 사용할 때는 릴스에 사용된 횟수가 많은 음악을 사용하는 것이 노출에 유리합니다.

❺좌측 하단에 [+]아이콘을 눌러서 릴스로 만들고자 하는 동영상을 불러옵니다. (바로 동영상을 촬영해 사용할 수도 있지만 더 좋은 퀄리티의 릴스 제작을 위해서는 미리 촬영된 동영상을 컷편집 하는 것을 추천합니다.)

❻ 컷편집을 통해 불필요한 영상 부분은 잘라내고 다듬어 줍니다.

❼[미리보기]를 눌러 줍니다.

❽음표 모양의 아이콘을 클릭합니다.

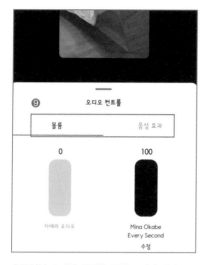

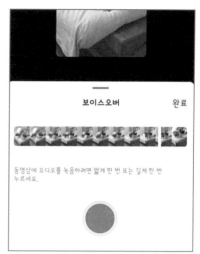

⑨동영상 소리와 선정한 음악 소리의 밸런스를 조절할 수 있습니다.

⑩필요시 마이크 모양의 아이콘을 눌러 내레이션을 입힐 수 있습니다.

⑪화면을 터치해 사람들의 관심을 끌 수 있는 자막을 넣어 줍니다. 자막 위치, 크기 변경은 손가락으로 드래그하는 방법으로 가능합니다.

⑫영상에 대한 캡션을 입력합니다.

⑬커버 사진은 동영상에서 선택할 수도 있고, 미리 찍어 놓은 사진을 갤러리에서 추가해서 업로드할 수도 있습니다.(이때 커버 사진은 사람들의 클릭을 결정하는 가장 중요한 부분이기 때문에 미리이 목을 끌 수 있는 사진으로 준비해 두거나, 동영상 속 임팩트한 장면으로 선정해주는 것이 좋습니다.)

커버 이미지를 선택하려면 갤러리에 저장된 동영상의
프레임 또는 이미지를 선택하세요

❶❹[피드에도 공유]를 활성화시켜줍니다. 피드에 공유를 해야 홈유입도 늘리고 인기 게시물이나 탐
색탭 노출 확률도 커지기 때문에 릴스를 업로드할 때는 반드시 [피드에도 공유]를 권장합니다.

❶❺[프로필 이미지 자르기]를 선택해 미리 보이
는 정사각형 화면에서 사진의 중요한 부분이
잘리지 않도록 설정해 줍니다.

❶❻[사람 태그하기]와 [위치 추가]기능은 피드와
동일하게 사용할 수 있으며, 모든 작업이 완료
되면 [공유하기]를 눌러 업로드합니다.

컷편집 없이도 'SNOW'나 'VITA', 'CapCut' 같은 앱을 사용하여 보다 간편하게 릴스를 만들 수 있습니다. 이 앱들은 내가 만들고 싶은 템플릿을 고르고 해당 템플릿에 필요한 사진이나 동영상을 클립 수에 맞게 넣어주기만 하면 쉽게 인스타그램에 업로드할 수 있는 릴스 영상을 만들어 줍니다.

패션이나 뷰티 카테고리뿐 아니라 음식점이나 헤어숍을 운영하는 경우 다양한 사진이나 영상들을 이용해 쉽고 트렌디한 릴스 영상을 제작할 수 있습니다.

스노우

비타

캡컷

♡ ◯ ◁

노출이 잘 되는 릴스와 노출이 안 되는 릴스

릴스의 인기가 나날이 높아지면서 인스타그램은 어떤 릴스가 조금 더 많은 사람들에게 노출되고, 또 덜 노출되는지에 대해 구체적으로 밝혔습니다. 인스타그램이 더 많은 사람들에게 노출될 수 있도록 선정하는 릴스는 다음과 같습니다.

첫째, 많은 사람들에게 즐거움을 주는 콘텐츠

둘째, 사람들이 무언가를 만들도록 영감을 주는 콘텐츠

셋째, 인스타그램 음악 라이브러리 또는 릴스 오디오 도구로 만든 원본 오디오의 음악을 사용한 콘텐츠

넷째, 세로로 촬영된 콘텐츠

다섯째, 커뮤니티와 관련된 의미 있는 이벤트를 보여주는 콘텐츠

여섯째, 다양한 배경과 관점을 지닌 크리에이터가 제작한 콘텐츠

다음은 인스타그램에서 노출이 덜 되도록 하는 릴스의 특징입니다.

첫째, 흐릿하거나 해상도가 낮고 외곽선, 로고, 워터마크를 포함하거나 이미지의 대부분이 텍스트로 뒤덮여 있는 콘텐츠

둘째, 원본 동영상이 아닌 콘텐츠

셋째, 정치적 문제에 초점을 맞추거나 정치인, 정당 또는 정부 인사에 의해 이들을 대신하여 제작된 콘텐츠

넷째, 인스타그램 커뮤니티 가이드라인(예: 혐오 발언이나 폭력적인 이미지 포함) 또는 추천 가이드라인을 위반하는 콘텐츠

내가 만든 릴스가 더 많은 사람들에게 노출되기 위해서는 인스타그램이 권장하고 있는 위의 내용들을 잘 지켜서 만드는 것이 중요합니다. 특히 앱을 사용할 때는 반드시 워터마크를 제거한 후 사용하고, 해상도를 높이기 위해 영상을 촬영할 때는 휴대폰 기본 카메라를 사용하는 것을 추천 드립니다.

@toad_pharm (조은책방 시크릿 5기)

"인스타그램에서 밀어주는 콘텐츠인 릴스를 공략했더니 릴스 조회 수가 125만 뷰를 돌파하고 2주 만에 팔로워가 1000명도 넘게 늘었어요!"

약사라는 저의 직업을 활용해 사람들에게 유용한 정보를 줄 수 있는 콘텐츠들을 릴스로 만들어서 올렸습니다. 처음 몇 천이었던 릴스 조회 수가 자고 일어나니 2만을 넘고 지금은 그 영상 하나가 35만 뷰가 되었는데요. 저는 게임에도 공략집이 있듯 인스타그램에도 공략집이 있다고 생각합니다. 인스타그램에서 밀어주는 콘텐츠를 활용해서 사람들에게 유용한 내용을 나눈다면 저처럼 단기간에도 빠르게 팔로워를 모을 수 있을 거예요!

스토리를 고정하는
하이라이트 활용 꿀팁

24시간 후면 사라지는 스토리를 하이라이트로 고정시켜서 계정의 색깔을 드러내거나 공구 일정, 이벤트, 클래스 후기 등을 다양하게 지속적으로 노출시킬 수 있습니다.

♡ ○ ▽

하이라이트를 이용해서
계정의 색깔 드러내기

인스타그램에 업로드할 수 있는 여러 유형의 게시물 중 스토리는 단 24시간만 노출되는 특징이 있습니다. 콘텐츠를 만드는 부담을 줄이면서도 인친들과의 자연스러운 소통에 매우 편리합니다. 하지만 스토리는 24시간 후면 사라지기 때문에 이후에도 지속적으로 인스타그램 홈 화면에 노출하고 싶다면 스토리를 하이라이트로 고정해서 계속 보이게 할 수 있습니다.

예를 들면 공구 중인 물건의 판매 공지나, 물건이나 서비스를 이용해 본 사람들의 리얼 후기 등 24시간 후에도 여전히 나의 인스타그램 친구들에게 보이고 싶은 게시물이 있을 때, 하이라이트 기능을 활용해서 스토리를 보존하는 방법을 사용하면 좋습니다.

특히 하이라이트는 프로필과 피드 사이에 위치하고 있어 누군가 내 계정에 들어왔을 때 가장 잘 보이는 자리인 만큼 이 부분을 적극 활용하면 좋겠지요?

스토리를 하이라이트로 고정하는 방법은 아주 간단합니다. 먼저 업로드한 스토리를 클릭해서 오른쪽 하단의 하이라이트를 눌러주면 하이라이트로 추가가 됩니다. 이때 스토리를 저장할 카테고리를 선정해 주면, 해당 스토리는 그 카테고리에 저장되어 24시간이 지난 후에도 지속적인 노출이 가능합니다.

꼭 어떤 물건을 판매하는 경우가 아니라도 계정의 색깔을 매력적으로 드러낼 수 있는 스토리라면 카테고리화해서 하이라이트로 보여주는 것을 추천합니다. 계정을 방문하는 사람들이 팔로우할 수 있는 좋은 계기가 되기 때문에 놓치지 않고 사용해 보실 것을 권합니다.

❶먼저 스토리를 업로드한 후 해당 스토리를 열면 우측 하단에 [하이라이트]라는 항목이 있습니다.
❷[하이라이트]를 눌러서 신규 카테고리를 만들거나 기존 카테고리에 지정해 줍니다.
❸신규 카테고리 생성 시, 새로운 이름을 적고 [추가]를 누릅니다.

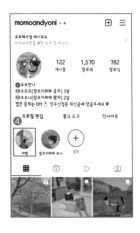

❹프로필 하단에서 새로 만든 하이라이트 항목을 확인할 수 있습니다.

♡ ◯ ◁

하이라이트를 이용해
이벤트, 공지, 후기 노출하기

그렇다면 하이라이트에는 어떤 스토리를 고정하면 좋을까요?

첫째, 판매 중인 물건을 자연스럽게 노출하기

인스타그램 피드는 한 화면에 업로드한 시간대별로 쭉 나열되는 방식이다 보니 피드별로 카테고리화 해 모아서 보는 것이 쉽지 않습니다.

예를 들어 하나의 계정에 일상이나 소소한 이야기, 판매하는 제품 등 다양한 주제의 콘텐츠를 업로드했다면, 상품을 궁금해 하는 사람들이 상품 관련 게시물만 찾아보기에는 어려움이 있습니다.

이럴 때 상품과 관련된 주요 콘텐츠들만 스토리로 올린 후, 하이라이트로

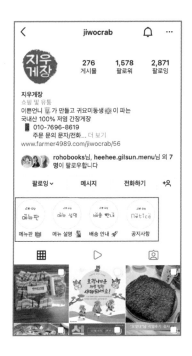

모아놓는다면 한 번에 확인하기가 편리하겠지요? 또 특정 주제에 관심이 있는 사람들이 하이라이트만 보고도 그 게시물들을 확인할 수 있습니다.

예시 계정처럼 판매 중인 제품이 있다면 메뉴에 대한 설명과 배송 안내 그리고 리얼 후기 등의 카테고리를 따로 만들어서 소비자들이 확인하기에 편리하게 만들어줄 수도 있습니다.

둘째, 무형의 서비스 판매의 가장 강력한 무기

제 계정의 경우 <시크릿 후기>, <조은책방 추천도서>, <인스타그램 코칭> 등의 하이라이트를 따로 만들어서 노출하고 있습니다. 제가 읽고 추천하는 책을 궁금해 하는 분들이나 혹은 저의 인스타그램 강의 후기에 대해서 궁금해 하는 분들이 한 번에 확인하실 수 있도록 모았습니다.

무형의 서비스는 제품을 비주얼적으로 보여줄 수 없기 때문에 이 경우 가장 강력한 무기는 미리 해당 서비스를 경험한 사람들의 '후기'라고 할 수 있습니다. 요즘은 온라인에서 물건을 구매할 때 상세페이지보다 이미 써본 사람들의 후기를 더 유심히 보는 사람들이 굉장히 많습니다. 인스타그램에서 판매하는 것이 유형의 제품이 아닌 무형의 서비스라면 이 후기는 더욱 중요할 수밖에 없겠지요?

사람들의 불편을 최소화시켜야 결국 제품의 판매도 높일 수 있습니다. 사람들이 일일이 스크롤을 내려가며 후기를 찾지 않아도 되도록, 한눈에 후기만을 모아서 볼 수 있는 하이라이트 기능을 활용하면 내 상품을 궁금해하는 사람에게 훨씬 더 쉽게 다가갈 수 있습니다.

👤 **수강생 인터뷰**

@jiwocrab (조은책방 시크릿 1기)

"내가 올리고 싶은 피드를 올리는 일기장 같은 계정을 보다 전문성 있게 관리했더니 일일 평균 문의가 50건 정도 발생하고 발주로도 30~35건 정도가 이어지게 됐어요!!!"

인스타그램에 대한 이해가 전혀 없어 처음에는 그저 아무 게시물이나 올리고 팔로우하면 계정이 자연스레 성장하는 줄 알았어요. 하지만 인스타그램 마케팅을 배우고 나서 내가 올리고 싶은 게시물을 올리는 것이 아닌 고객들의 입장에서 유용한 정보를 올려야 한다는 걸 알았지요. 카드뉴스를 만들고, 하이라이트도 고객의 입장에서 보기 좋게 정리했어요. 그리고 한 분 한 분 찐 소통을 이어나가다 보니 매출에 상당히 유의미한 결과가 있었습니다. 꼭 팔로워가 많지 않아도 팔로워들 한 분 한 분과 진심으로 소통하다 보니 자연스레 매출 상승으로 이어졌습니다.

다음은 하이라이트를 이용해 후기를 효과적으로 노출하는 방법입니다.

❶프로필에서 [+]탭을 누르고 ❷ [스토리]를 선택한 후 사용할 사진을 불러옵니다.

❸상단의 세 번째 아이콘을 클릭합니다.

❹강조를 위해 필요한 도형을 검색합니다.

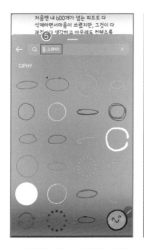
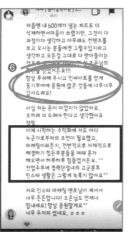
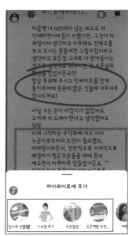

❺도형을 이용해 사람들에게 눈에 잘 띌 수 있도록 하이라이트를 한 후 스토리를 올립니다.

❻업로드된 스토리의 하단에 [하이라이트 추가]를 클릭하고 ❼카테고리를 설정해 줍니다.

*후기 자체를 그냥 업로드할 수도 있지만 빠르게 종료되는 스토리의 특성상 팔로워들이 많은 텍스트를 일일이 읽기 힘든 점을 감안해서 원하는 부분에 강조를 해주면 훨씬 눈에 띄는 스토리를 만들 수 있습니다.

過程이다 생각하고 아무래도 컨텐츠를
보고 오시는 분들에겐 그럴수있지라고
생각해요 왜냐하면 전 조은님의
확신을 믿었거든요!!!
항상 푸쉬해 주시고 인싸이트를 얻게
동기부여에 응원에 많은 것들에 너무너무
감사드려요!

사실 저는 돈이 아깝지가 않았어요.
오히려 더 드려야 한다고 생각했어요
정말.
이제 시작하는 수익화에 저도 어디
누군가로부터의 조언이 필요했고,
마케팅이라든지, 전반적으로 자체적으로
해결하기 힘든부분들을 여태 혼자
해오면서 하루하루 힘들었거든요. ^^
전업주부에 경력단절녀의 고군분투
인스타 생활은 그렇게 녹록치 않아요^^

후기를 그대로 하이라이트에 올린 경우
(가독성 떨어짐)

중요 부분을 강조한 후에
하이라이트로 올린 경우(가독성 우수)

셋째, 내 계정의 매력 가감 없이 드러내기

사람의 뇌는 아주 특별한 경우를 제외하고는 최대한 많이 생각하지 않고
에너지를 아끼는 방향으로 움직이려고 합니다. 이를 '인지적 구두쇠 효과'
라고 합니다. 누군가 나의 계정에 들어와서 팔로우할지 말지를 결정할 때
에도 내가 심혈을 기울여서 찍은 사진 한 장 한 장, 글 한 줄 한 줄을 모두
꼼꼼히 읽어 주리라는 기대는 하지 않는 게 좋겠지요?

사람들은 대개 몇 초 안에 팔로우 여부를 결정합니다. 간혹 꽤 진지한 분
들도 있지만 실시간으로 사람들의 행동 양식을 살펴본 결과, 대부분의 사
람들은 굉장히 빠르게 그 계정을 팔로우할지 말지를 결정하는 것을 알
수 있었습니다.

그래서 더더욱 프로필 화면의 사진과 소개, 피드뿐 아니라 하이라이트가
얼마나 중요한지를 말해 줍니다. 이 계정이 얼마나 매력적으로 보이느냐

출처 @_kyungsun_choi_

가 바로 하이라이트에 달려있다고 해도 과언이 아닙니다.

예시 계정은 제가 코칭 수업을 한 후 피드백을 반영한 사례입니다. 이 계정은 프로필 소개와 하이라이트만 봐도 '아, 이 사람은 이런 종류의 책을 출간한 작가구나', '이 계정은 사람의 심리와 관련한 좋은 글을 나누고 있구나'라는 것을 한눈에 알 수 있습니다. 이럴 때 내 계정에 방문한 사람들을 놓치지 않고, 나의 팔로워로 만들기가 더 쉬워지겠지요?

내가 제품을 판매하지 않거나 따로 공지를 올릴 이벤트나 후기가 없다고 해도 상관없습니다. 다양한 나의 매력을 돋보이게 할 수 있는 콘텐츠들을 따로 묶어서 하이라이트에 올리는 것만으로도 그냥 스쳐 지나갈 잠재적 팔로워들의 손을 팔로우 버튼으로 향하게 할 수 있지 않을까요?

♡ ⃝ ◁

하이라이트 돋보이게 꾸미는 방법

하이라이트 커버는 따로 바꾸지 않으면 처음 특정 카테고리를 하이라이트로 만들 때 올렸던 스토리 사진으로 저장됩니다.

이 때 하이라이트 커버를 조금 더 통일감 있게 만들어주면 비주얼적으로 훨씬 보기 좋게 만들 수 있습니다. 통일감 없는 사진들이 쭈욱 나열되어 있는 것보다 훨씬 정돈되고 일관되며 전문적인 느낌을 줄 수 있어요.

같은 무드의 사진을 활용하거나 나의 프로필 사진을 활용하는 방법 등이 대표적입니다. 하지만 딱히 사용할 사진이 없어도 통일감을 주고 예쁘게 꾸밀 수 있는 방법도 있습니다.

바로 '하이라이트 커버 메이커(Highlight Cover Maker)' 앱을 이용하는 방법입니다. 사진에 각종 텍스트와 배경 효과를 삽입할 수 있는 기능부터 사진이 없는 경우 예쁜 배경을 이용해서 하이라이트 커버를 만드는 기능까지 유용한 기능이 많습니다.

일반사진 하이라이트 커버

통일감을 준 하이라이트 커버

하이라이트 커버 메이커

하이라이트 커버 메이커
포 인스타그램

하이라이트 커버스 인스타그램

바이럴 되는
콘텐츠 만드는 방법

사람들의 '욕구'를 이해하는 것만으로도 '공유'와 '저장'을 높이고, 게시물이 조금 더 많은 사람에게 퍼져 나가게 할 수 있습니다.

♡ ◯ ◁

친구 태그 유도하기

내 게시물은 인스타그램 탐색탭을 통해 내 팔로워가 아닌 다른 사람들에게도 자연스럽게 노출됩니다. 하지만 내 팔로워들이 내 게시물을 보고, 공유하고 싶은 친구를 댓글에 태그하면 훨씬 더 긍정적인 측면이 있습니다.

물건을 구매할 때도 불특정 다수의 리뷰를 아무리 꼼꼼히 읽어봐도 쉽게 결정을 내리지 못하다가 그 물건을 써본 친구의 말 한 마디에 구매를 결정짓는 것과 같은 심리입니다. 어떤 계정에 크게 관심이 없다가도 친구가 태그해서 그 계정을 보게 됐을 때 '어, 내 지인들이 많이 팔로우하네', '내 인친들이 많이 참여하는 걸 보니 괜찮은 계정인가 보다'라는 생각이 들면 팔로우할 확률이 높아지기 때문입니다.

나의 인친들이 알아서 척척 친구를 태그할 정도로 멋진 게시물을 제작할 능력이 아직 부족하다면, 직접 언급을 하는 것도 좋습니다. 게시물에 사진을 업로드하고 캡션 글의 맨 마지막쯤에 '이 글을 읽고 생각나는 소중한 인친이 있다면 댓글에 그 친구의 계정을 태그해 주세요'라고 자연스럽게 남기는 거죠.

그러면 이 글을 읽는 사람은 '아 그래, 그 친구에게 이 글이 필요할 수 있겠구나' 댓글로 태그를 하는 일들이 이어지면서 내 게시물의 도달률을 높일 수 있겠지요?

$\heartsuit \ \bigcirc \ \triangledown$

공감과 공유 이끌어내기

인스타그램 계정을 운영하면서 '인사이트'를 통해 사람들이 어떤 게시물에 가장 크게 반응하는지를 살펴보는 것은 매우 중요합니다.

사람들은 기본적으로 자신에게 도움이 될 만한 내용들을 저장하고, 친구나 지인에게 공유를 하지요. 하지만 저장이 잘 나오는 게시물과 공유가 잘 나오는 게시물에는 약간의 차이가 있습니다. 제 계정을 분석한 결과 대개 '돈'과 관련된 게시물은 저장이 높고, '관계'나 '감정'과 관련된 게시물은 공유가 높게 나오는 경향이 있었습니다.

이렇게 나의 게시물 중에서도 어떤 색깔의 게시물이 공유가 잘 나오는지를 분석해본 후 게시물을 올린다면, 사람들에게 많이 전해져서 바이럴 되는 게시물을 만들 수 있습니다.

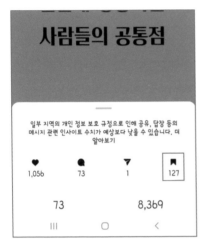

저장 수가 높은 게시물

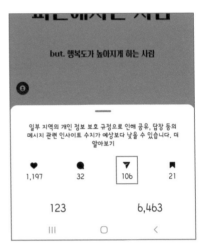

공유 수가 높은 게시물

♡ ◯ ◁

공동작업자 초대 기능으로 도달률 높이기

내가 업로드할 게시물을 친구의 피드에도 함께 올림으로써 나의 팔로워가 아닌 사람들에게까지 내 게시물을 노출시키는 방법이 있습니다. 바로 '공동 작업쟈 초대 기능'을 활용하는 것인데요. 이 기능을 활용하면 함께 피드를 업로드하는 두 계정의 '좋아요'와 '댓글'이 합쳐진 결과가 나오기 때문에 인게이지먼트(좋아요, 댓글, 공유, 저장)를 높이기에 좋습니다.

❶게시물 업로드 전 [사람 태그하기]를 눌러줍니다.

❷[공동 작업자 초대]를 선택합니다.

❸공동 작업자의 사용자 아이디를 검색합니다.

❹공동작업자가 디엠을 통해 요청을 확인합니다.

❺공동작업자가 [수락]을 하게 되면 두 계정에 동일한 게시물이 업로드됩니다.

❻해당 게시물에 공동작업자의 프로필 사진이 함께 표시됩니다.

PART. 3

'좋아요'와 '팔로워'
높이는 방법

SECRET
INSTAGRAM

👤
'손품'은 어떻게 파는 걸까?

인스타그램을 시작하면 '손품'을 팔아야 한다는 말을 많이 듣습니다. 어떤 것을 얻기 위해 직접 걸어 다니는 수고를 들인다는 뜻의 '발품을 판다'에 빗대어 인터넷 세상에서 검색을 하고, 댓글을 다는 일련의 노력들을 일컬어 '손품을 판다'라고 하지요. 인스타그램에서 손품을 파는 것은, 나를 알리기 위해 다른 사람의 계정에 '좋아요'를 누르고, '댓글'을 달고, DM을 보내는 일들을 말합니다.

그렇다고 아무 계정이나 가서 '좋아요'를 누르고, '선팔 왔어요! 맞팔해 주세요!' 같은 댓글을 남긴다고 팔로우가 늘까요? 당연히 손품을 파는 일에도 전략이 있어야 합니다. 이번에는 효과를 극대화하는 손품 파는 법에 대해 알려 드릴게요.

♡ ◯ ◁
벤치마킹 계정 팔로워 흡수 전략

1장에서 계정의 컨셉을 정하고 나서 가장 먼저 해야 할 일이 벤치마킹 계정을 찾는 것이라고 말씀드렸지요? 벤치마킹 계정은 '글을 어떻게 쓸까?', '해시태그는 어떻게 달까?', '이벤트는 어떻게 열까?' 등을 참고할 수 있을 뿐 아니라 팔로워를 흡수하는 전략을 사용할 때도 아주 요긴합니다.

나의 컨셉과 같은 카테고리에서 이미 많은 팔로워를 보유하고 있는 메가 인플루언서 계정을 활용하는 방법입니다. 그 계정에 들어가서 팔로워 리스트를 보고 그들의 계정에 '좋아요'를 누르거나 댓글을 다는 방법으로 나의 계정을 손쉽게 알릴 수가 있습니다. 그들은 이미 나와 같은 카테고리 계정에 관심이 있기 때문에 나의 계정도 좋아해 줄 확률이 높겠지요?

팔로워 리스트뿐 아니라 벤치마킹 계정 게시물의 댓글을 보고, 활발하게 소통하는 분들께 '좋아요'를 누르거나 댓글을 다는 방식으로 팔로워를 유입시킬 수도 있습니다. 또 내가 그 인플루언서의 게시물에 눈에 띄는 매력적인 댓글을 남기면 그것을 본 인플루언서의 팔로워들이 내 계정에 와 볼 수도 있겠죠? 이 방법을 쓸 때는 벤치마킹 계정에 알림 설정을 해두고 게시물이 업로드되자마자 가장 먼저 댓글을 남김으로써 벤치마킹 계정의 팔로워들의 눈에 내 계정이 띄게 하면 좋습니다. 이렇게 벤치마킹 계정은 팔로워를 흡수하는 전략에서도 유용하게 사용되기 때문에 벤치마킹 계정을 잘 찾는 것은 아무리 강조해도 지나치지 않습니다.

<벤치마킹 계정 필로워 흡수 방법>

벤치마킹 계정 홈화면으로 들어갑니다.

팔로워 목록에 있는 계정들과 소통해 보세요.

메시지 옆 아이콘을 눌러 인스타그램 자동추천 계정들을 확인합니다.

벤치마킹 계정의 팔로워와
팔로잉 목록 옆 추천 카테고리를
확인합니다.

벤치마킹 계정 최근 게시물의
'좋아요' 리스트와 댓글을
남긴 계정을 확인합니다.

같은 컨셉인 나의 계정도
좋아해줄 확률이 높기 때문에
잠재적 팔로워를 찾기에 쉽습니다.

<벤치마킹 계정 알림 설정 방법>

❶ 벤치마킹 프로필 상단 우측의 종 모양 아이콘을 클릭해 주세요.

❷ 게시물과 스토리, 릴스, 동영상, 라이브 방송 중 알림을 설정하려는 카테고리를 선택해 주세요.

❸ 원하는 카테고리를 활성화시키면 해당 계정의 업로드 소식을 빠르게 받아볼 수 있습니다.

♡ ♢ ◁

해시태그 공략하기

손품을 효과적으로 파는 두 번째 방법은 나의 잠재적 팔로워들이 사용할 만한 해시태그를 미리 유추하고 그 해시태그를 공략하는 방법입니다. 예를 들어, 내가 반려견 계정을 운영하고 있다면 나를 팔로우해 줄 나의 잠재적 팔로워들은 대부분 강아지를 키우고 있는 견주들이겠죠? 그리고 강아지를 키우고 있는 사람들이라면 주로 게시물을 업로드할 때 #멍스타그램 #댕스타그램 #멍팔 #멍팔맞팔 등의 해시태그를 이용해서 게시물을 업로드할 것입니다.

탐색탭에서 이런 해시태그를 검색하면 강아지를 키우고 있고 나의 반려견 계정에도 관심을 가져줄 사람들을 쉽게 찾을 수 있겠죠? 그런데 이때 중요한 것은 이런 해시태그들을 검색했을 때 인스타그램에서는 먼저 [인기 게시물]을 노출시켜 주는데요. 우리가 이용할 것은 [인기 게시물]이 아닌 [최근 게시물]입니다.

인기 게시물

최근 게시물

[인기 게시물]은 어떤 게시물이 인기 게시물에 오르는지를 확인할 수는 있 겠지만 당장 나의 팔로워로 유입시키기에는 [최근 게시물]을 이용하는 것 이 효과적입니다. 그 이유는 [최근 게시물]을 올린 사람들은 아직 인스타 그램 안에 머무르고 있을 확률이 높고, 내가 '좋아요'나 '댓글'을 남겼을 때 바로 내 계정을 찾아오거나 소통할 기회를 포착할 수 있기 때문입니다.

실제로 여러분은 인스타그램에 게시물을 업로드한 후 무엇을 하시나요? 아마 바로 인스타그램 앱을 닫지는 않으실 겁니다. 다른 사람의 피드를 둘러보거나, 누가 나에게 '좋아요'를 눌렀는지 확인하고, 댓글에 대댓글 을 달기도 하겠죠. 이렇게 게시물을 방금 올린 사람들은 아직 인스타그램 안에서 활동하고 있을 확률이 높습니다. 이 때 그 사람에게 내 계정을 노 출시킨다면 유입률을 높여줄 수 있겠죠?

♡ ◯ ▽

브랜드 계정 활용하기

손품을 효과적으로 파는 마지막 방법은 브랜드 계정을 활용하는 것입니다. 내가 올리는 게시물의 카테고리에 해당하는 브랜드 계정들이 있을 거예요. 예를 들어 내 계정 카테고리가 '뷰티'라면 각종 화장품 브랜드들이 될 수 있고, '책'이라면 출판사나 대형서점 또는 인터넷 서점 브랜드 등이 될 수 있겠죠? 이런 계정을 팔로우하고 있는 사람이라면 이미 해당 분야에 관심이 많은 사람이라고 볼 수 있습니다. 이들에게 '좋아요'를 눌러주거나 댓글을 달아주며 소통하다 보면 자연스레 내가 올리는 게시물에 관심이 있을 법한 사람, 즉 잠재적 팔로워를 손쉽게 찾아나갈 수 있겠죠?

메가 인플루언서처럼 이미 그 사람 자체가 브랜드가 된 경우도 좋습니다. 예를 들어, 내가 멍스타그램을 운영 중이라면 해당 분야에서 가장 높은 인지도를 가진 강아지 훈련사나 수의사 계정을 활용하는 거죠. 이런 계정을 팔로우하고 있는 사람들은 대부분 나처럼 강아지를 키우거나 강아지에 관심이 있기 때문에 그 계정을 팔로우했을 것이기 때문입니다. 그런 분들에게 먼저 다가가 소통한다면 내 계정에 찾아와 주는 건 물론 팔로우까지 이어질 확률도 당연히 높아지겠지요?

\<브랜드 계정 예시\>

패션에 관심이 있는 20~40대
여성 잠재적 팔로워를 찾을 수
있는 의류 브랜드 계정

책을 좋아하는 잠재적
팔로워를 찾을 수 있는
대형 서점 브랜드 계정

반려견을 키우고 있는
잠재적 팔로워들을 찾을 수 있는
반려견용품 브랜드 계정

스토리로 탐색 Up,
팔로워 상호관계성 UP

24시간 후 사라지는 스토리 게시물로 부담 없이 게시물을 업로드하고, 팔로워들과 꾸준히 소통함으로써 내 게시물을 팔로워들의 홈탭 상단에 노출시킬 수 있습니다. 그 노하우를 가르쳐 드릴게요.

콘텐츠 제작 부담이 덜한 스토리 이용하기

인스타그램에 피드를 업로드하면 그 피드들이 모여 내 계정의 첫인상이 되기 때문에 피드 한 장 한 장의 무드를 오랜 시간 고민할 수밖에 없는데요.

이런 피드와 달리 '스토리'의 경우 내 프로필에 24시간만 노출되기 때문에 피드만큼 심혈을 기울여서 제작할 필요가 없습니다. 그러면서도 탐색탭에 노출돼서 내 계정으로의 유입을 늘려주기도 하고 팔로워들과 자연스럽게 소통을 이어나가기에도 좋아서 굉장히 유용합니다.

또 팔로워들과의 상호관계성을 인스타그램 알고리즘에게 보여주는 용으로도 좋습니다. 평소 내가 스토리를 꾸준히 올려서 나의 인친들이 반응해

주면 그 반응들이 디엠으로 오고, 또 거기에 내가 답을 해주는 식으로 서로 소통이 원활하면 인스타그램 알고리즘은 두 계정을 상당히 밀접한 관계가 있는 것으로 여깁니다. 그래서 내가 올리는 게시물을 팔로워들에게 더 잘 노출될 수 있도록 그들의 홈 화면 상단에 노출시켜 줍니다.

$$\heartsuit \quad \bigcirc \quad \triangledown$$

소통을 부르는 스토리 활용 방법

첫째, 자연스러운 질문으로 소통 시도하기

스토리에는 질문하기, 설문, 퀴즈 등 소통할 수 있는 다양한 기능이 있는데요. 이 기능들을 활용해서 나의 팔로워들과 자연스러운 소통을 시도해볼 수 있습니다. 이때 질문이나 설문 내용이 너무 복잡해서 참여율이 떨어지지 않도록 가벼운 얘기들을 하는 것이 좋습니다.

간단한 수다부터 내가 진행하려는 이벤트에 대한 팔로워들의 의견을 묻고 반영하는 소통의 창구로 활용해 보세요. 팔로워들은 이런 소통을 통해 나와 더 친밀하다는 느낌을 받을 뿐 아니라 내 계정에서 올라오는 소식들에 더 큰 관심을 갖고 반응해 줄 것입니다.

둘째, 링크 걸기

스토리에 링크를 거는 기능은 예전에는 1만 팔로워 이상 계정에만 주어지는 특권이었습니다. 그런데 최근에는 누구나 스토리에 게시물을 올리면서 링크를 걸 수 있게 되었습니다.

인스타그램은 게시물에 링크를 올려도 링크로 연결되는 기능이 없고, 프로필에도 단 하나의 링크만을 연결할 수 있을 정도로 링크 연결이 쉽지 않았는데, 그래서 많은 사람들이 이 기능에 대해 크게 환영했습니다.

인스타그램을 통해 홍보할 사이트가 있다면 이 기능을 적극 활용하는 것은 필수겠지요? 스토리를 노출시킴으로써 팔로워들의 홈탭 상단 노출뿐 아니라 나의 제품을 소개할 수 있는 링크 연결까지 매우 유용합니다.

스토리에 링크 거는 방법을 소개합니다.

❶내 프로필 화면 우측 상단 [+]을 누르고 [스토리]를 선택합니다.

❷스토리로 업로드할 사진 또는 영상을 가져옵니다.

❸자막을 넣고자 하는 화면을 터치하고 글과 적절한 이모티콘을 넣어줍니다.

❹우측 상단의 세 번째 아이콘을 누릅니다.

❺[링크]를 선택합니다.

❻미리 복사해뒀던 링크를 붙여넣기 합니다.

❼[스티커 텍스트 맞춤 설정]을 클릭합니다.

❽링크 위에 덧입힐 텍스트를 작성합니다.

❾[완료]를 누르면 ❿링크에 내가 쓴 텍스트가 덧입혀지게 됩니다.

⓫클릭을 유도하는 화살표 등의 이모티콘을 활용해 더욱더 눈에 띄게 만들어 줍니다.

링크를 텍스트 없이 넣어준 경우(비추천)

링크 위에 클릭을 유도하는 문구를
넣어준 경우(추천)

조은쌤의 tip

많은 스토리를 올려본 결과, 사람들은 '도와주세요'라는 말에 가장
많은 반응을 남긴다는 것을 알 수 있었습니다. 나의 작은 액션이 상
대에게 혹은 내가 팔로우하고 있는 사람에게 도움이 된다면 사람들
은 쉽게 손을 움직여 스토리에 반응한다는 점 기억해 주세요!

셋째, 팔로워들의 니즈 이해하기

팔로워 이벤트나 라이브 방송 등 인스타그램 계정을 운영하다 보면 팔로
워들의 니즈를 파악해야 하는 순간들이 있습니다. 이때도 스토리를 활용
하시면 좋습니다. 팔로워들의 의견을 묻는 간단한 질문을 남기는 것만으
로도 함께 소통할 이야깃거리를 찾을 수 있고, 또 이벤트를 성공적으로
만들어줄 수도 있기 때문입니다.

라이브 방송에서는 사람들이 나와 어떤 이야기를 나누고 싶어 하는지 또

이벤트 선물로는 어떤 것이 매력적인지 미리 팔로워들의 의견을 구하면서 내 계정을 더욱더 소통하고 싶은 계정으로 만들 수 있습니다.

♡ ♢ ◁
내 게시물의 노출률 올리기

게시물을 올린 후 꼭 해야 할 행동 중 하나는 내가 올린 게시물을 스토리로도 올리는 것입니다. 이유는 내가 게시물을 올렸다고 해서 그 게시물이 나의 모든 팔로워에게 보이는 것이 아니고, 어떤 팔로워에게는 내 게시물이 홈 상단에 노출되지 않을 수도 있기 때문에 제작한 피드를 스토리로 다시 한 번 업로드해서 내 계정으로의 유입을 높여주기 위해서입니다.

저의 경우 피드에 책리뷰를 올리면 간단한 소개를 적어 사진과 함께 스토리로도 올립니다. 더 자세한 리뷰는 오늘 올린 게시물에서 확인할 수 있다는 글과 함께 제 계정으로 바로 올 수 있도록 @joeunbookstore 도 함께 적습니다. 이렇게 스토리를 통해 이 소식을 접한 팔로워라면 홈 화면에서 제 피드를 보지 못했다고 하더라도 스토리를 통해 제 게시물로 넘어올 확률이 높아지겠지요?

그래서 게시물을 올린 후에는 바로 스토리로도 업로드해서 내 계정으로의 유입을 늘리는 것을 꼭 습관화하시면 좋겠습니다.

<게시물을 스토리로 업로드하는 방법>

❶게시물 하단 비행기 모양 아이콘을 클릭합니다.
❷[스토리에 게시물 추가]를 눌러줍니다.
❸적절한 텍스트와 이모티콘을 활용합니다.

팔로워 1000명 이상부터는
인친들의 도움 받기

팔로워를 늘리려면 이벤트를 하라고 하지요? 막상 이벤트를 열려고 하면 선물은 어떤 걸로 할지, 글은 뭐라고 써야 할지 고민되는 게 한두 가지가 아닙니다.
이때 사람들이 나에게 받고 싶어 하는 선물 리스트를 미리 알 수 있다면 정말 수월하겠지요? 이처럼 성공적인 이벤트를 위해 꼭 알아두어야 할 세 가지 전략을 알려드릴게요.

♡ ○ ▽

인친들과 찐소통하는
이벤트 선물 질문하기

인스타그램 초기에는 사람들의 이벤트 참여율이 상당히 높았습니다. 커피 쿠폰 하나에도 리그램을 해서 홍보해 주기도 하고, 반응이 꽤 뜨거웠죠. 하지만 최근에는 인스타그램에서 열리는 각종 이벤트도 너무 많고, 자신의 계정을 키우기 위해 리그램까지 해서 피드 무드를 망치기 싫어하는 사람들도 늘다 보니 이벤트에 참여해 주는 사람들은 많지 않습니다. 또 어떤 사람들은 친구를 소환하는 것에 굉장한 부담을 느끼기도 하고요.

그렇기 때문에 이벤트에서는 이 두 가지를 꼭 유념해야 합니다.
첫째, 사람들이 나의 이벤트에 참여하지 않는 것은 당연하다.

둘째, 내 계정의 매력을 드러낼 수 있는 유니크한 선물로 사람들의 관심을 끌고 참여도를 높여야 한다.

수강생들 중에 가끔 "이벤트를 열고 커피쿠폰 선물도 올렸는데 사람들의 참여율이 너무 저조해요. 뭐가 문제일까요?" 하시는 분이 계세요. 그러면 저는 되묻습니다. "혹시 00님은 커피쿠폰을 주는 이벤트에 참여해 보신 적이 있으신가요?" 그러면 십중팔구 "아니오."라는 대답이 돌아옵니다. 왜 참여하지 않았냐고 물으면 "귀찮기도 하고..."라며 저마다의 이유를 말씀하시죠.

여기서 꼭 캐치하셔야 할 점은 내가 하지 않으면 남들도 하지 않는다는 것입니다. 이벤트를 열 때는 필히 팔로워들의 입장에서 내가 여는 이벤트가 매력적인가를 생각해 보셔야 한다는 거죠.

그러면 어떻게 팔로워들의 마음을 미리 알아볼 수 있을까요? 그것은 바로 앞 장에서 설명한 스토리를 이용하는 것입니다. 스토리에는 설문하기, 질문하기 등의 다양한 기능이 있다고 말씀드렸죠? 이 기능을 이용해 팔로워들과 소통하고, 팔로워들이 내 이벤트를 통해 받고 싶어 하는 선물을 리서치해 이벤트 참여율을 올릴 수 있습니다.

내가 나눌 수 있는 것 중 매력적인 선물을 다양하게 뽑아서 사람들이 진짜 원하는 선물이 무엇인지도 확인하고, 곧 이벤트를 열 것이라는 예고도 하면서 찐소통의 기회로 활용할 수 있습니다.

이렇게 할 때, 각종 스티커나 움직이는 GIF를 사용해서 조금 더 다채로운 느낌을 줄 수도 있습니다. 문구와 스토리 상황에 어울리는 스티커를 터치로 선택하고, 상단의 검색란에서 인기 있는 GIF 애니메이션을 추가하는 것도 좋습니다. GIF를 눌러서 검색창에 '화남', '슬픔' 등의 감정을 입력하거나 또는 '여행', 'sold out'과 같은 단어를 입력해서 어울리는 이모지를 쉽게 찾을 수 있습니다. 그 외에도 검색에 활용 가능한 위치태그와 해시태그를 사용해서 발견율을 더 높일 수도 있겠죠?

GIF 클릭 후 다양한 감정의 이모지 선택

이렇게 업로드한 스토리의 질문에 인친들이 답을 하면 나의 활동탭에 최근 반응으로 나타납니다. 친구들의 다양하고 솔직한 답변들을 참고해서 이벤트 선물을 준비한다면 이미 참여 대상의 마음을 얻고 시작하는 것이기 때문에 훨씬 더 성공적인 이벤트가 되겠죠?

조은쌤의 tip

이모지를 고를 때는 내가 직접 다양한 감정을 입력해서 선택할 수도 있지만, 추천 이모지를 사용해서 스토리 노출을 높이는 것이 좋습니다.

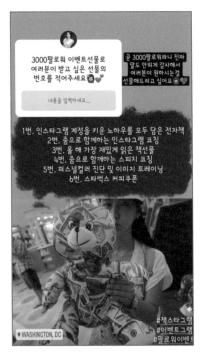

팔로워들이 원하는 선물을 설문을 통해 알아본 후 이벤트 성공률을 높였던 스토리 예시

이벤트 참여의 장벽 낮춰주기

거리에서 혹은 매장에서 진행하는 이벤트에 참여해 본 적 있으신가요? 똑같이 갖고 싶은 경품이 걸려 있는 경우라도 어떤 사람은 '재밌겠다. 한 번 해봐야지' 하고, 어떤 사람은 '경품은 혹하지만, 참여하기 민망한데 그냥 가자'하실 겁니다.

온라인에서 진행하는 이벤트도 마찬가지입니다. 충분한 리서치로 나의 인친들이 정말 받고 싶어 하는 선물까지 준비했건만 막상 이벤트를 열면 축하한다는 댓글만 남기고 정작 참여는 하지 않는 경우가 종종 있습니다.

이 때 여러분의 말 한마디가 이벤트 참여도를 높이는 촉매제가 될 수 있습니다. 예를 들어 "여러분~ 혹시 이벤트에 친구 소환하는 게 조금 불편하신가요? 괜히 친구를 태그해서 불편하게 하는 건 아닌가 망설여지신다고요? 하지만 책을 좋아하는 친구에게 제 계정을 소개해 준다면 책 나눔도 하고 좋은 책들도 꾸준히 소개하는 좋은 계정 소개해 줬다고 그 친구도 좋아할 거예요!!! 그러니 @뒤에 함께 하고픈 친구의 아이디를 적어 좋은 이벤트를 친구에게도 알려주시면 어떨까요?"라고 적는 거죠.

🐻혹시 친구 소환을 하는 것이 다소 불편하신가요? 저도 인스타그램 초기에 그랬던 것 같아요!

하지만 지금은 저도 참여할 정도로 좋은 이벤트라고 생각되면 그 이벤트를 몰랐을 수도 있을 저의 인친분들에게 많이 많이 소개해드려요!

제가 생각할 때 좋은 선물이고 좋은 계정이라면 저의 인친님께도 그럴 확률이 클 테니까요!!! 저도 여러분께서 친구에게 소개해 주셨을 때 칭찬받는 계정이 될 수 있도록 앞으로도 더 더 열심히 나누겠습니다 🍫🍫

댓글 335개 모두 보기
happy_giver_21 당첨되신 분들 축하드립니다!!! 🥂🥂🎉🎉
joeunbookstore @reboot_mydream 감사합니다 🤍🤍 행복가득한 하루되세요 🐻🤍
2021년 5월 11일

이벤트 참여의 장벽을 낮춰주는 이벤트 글쓰기

책 대신 운동, 패션, 반려견, 음식 등 각자의 계정 컨셉에 맞게 적용하시면 되겠지요?

$$\heartsuit \quad \bigcirc \quad \triangleleft$$

이벤트에 잘 참여하는 사람은 따로 있다?!

정성스레 선물을 준비하고, 이벤트에 대한 부담감을 덜어 줄 캡션 글까지 준비해도 아직 팔로워가 1000명 내외라면 이벤트 참여가 저조할 수 있습니다. 이럴 때는 사람들의 심리를 조금 활용할 필요가 있겠죠? 이벤트 게시물의 댓글은 크게 세 부류로 나뉩니다.

첫째는, 정말 진심으로 이벤트에 참여해서 원하는 선물을 획득하고 싶어하는 '열정적 타입'입니다. 사실 이런 분들만 있다면 이벤트에 이렇게 많은 노력을 기울일 필요도 없겠지요.

두 번째 유형은 이벤트 선물에는 큰 관심이 없지만 그동안 인친으로 관계를 잘 이어온 '찐인친 타입'입니다. 인친의 이벤트를 응원해 주는 차원에서 참여하는 분들이죠. 이 경우 전에 내가 먼저 상대의 이벤트에 참여한 적이 있거나, 평소에 진정성 있는 댓글로 서로 간에 교류가 많았다면 쉽게 이뤄질 수 있겠죠? 그래서 이벤트 게시물을 올리기 전에는 각별히 더 소통에 신경을 쓰는 것이 좋습니다.

세 번째는 팔로워 이벤트에 참여하진 않지만 응원 차원에서 댓글을 남겨주는 '댓글만 타입'입니다. 이런 분들은 큰 도움이 되지 않는 걸까요? 전혀 그렇지 않습니다. 사람들은 어떤 게시물에 댓글이 별로 없으면 댓글 다는 것 자체를 망설이게 됩니다. 이런 응원의 댓글이 많이 있다면 주저 없이 이벤트 신청 댓글을 달 수도 있고, 더 부담 없이 참여할 수 있기 때문에 응원만 해주는 댓글도 너무나 소중합니다. 당연히 대댓글로 감사를 표현한다면 잠재적 참여자들의 유도를 늘릴 수 있겠지요?

더불어 이벤트 당첨이 투명하게 진행된다는 점을 알리는 것은 아무리 강조해도 지나치지 않습니다. 몇몇 유명 유튜버들이 이벤트를 투명하게 진행하지 않아 문제가 된 적이 있었지요. 인플루언서들의 이벤트 진행에 불신을 갖는 사람들도 있기 때문에 정말 공정하게 진행된다는 점을 어필하면 좋습니다. 누가 뽑혔는지 알 수 없게 디엠으로 개별 통보하기보다는 댓글로 당첨자를 투명하게 공개하는 것도 좋은 방법입니다.

조은쌤의 tip

이벤트 게시물을 올리고 난 후에는 벤치마킹 계정에서 나와 비슷한 경품 이벤트를 열었던 게시물을 찾습니다. 그리고 거기에 참여한 이력이 있는 사람들과의 소통을 시도합니다. 이들의 게시물에 '좋아요'를 눌러주면서 나의 이벤트에 대해 홍보한다면 더욱더 많은 참여율을 이끌어낼 수 있겠죠? 이벤트는 참여하는 사람들이 계속 참여한다는 걸 기억하세요!

@myspecialhealer (조은책방 시크릿 3기)

"내 계정을 좋아해 줄 만한 잠재적 팔로워들을 타게팅하고 이벤트를 잘 활용했더니 맞팔 없이도 한 달 동안 팔로워가 1200명 넘게 생기더라고요"

저는 피드를 만들 때 늘 팔로워들의 입장에서 생각하려고 해요. 약사라는 직업의 특성상 글을 적다 보면 전문적인 지식들을 적게 되는 경우가 있는데 그럴 때면 다른 사람 눈에 이 글이 너무 어렵게 보이지 않을까를 다시 한번 되짚어 보고 있어요! 그렇게 팔로워들의 눈으로 제 피드를 바라보고 그들에게 도움이 될 글인지를 다시 한번 상기하다 보면 게시물의 퀄리티가 높아지게 되더라고요. 그리고 이 게시물은 '누구에게' 도움이 될지를 생각하며 타게팅을 해서 피드를 만들고 제 계정을 좋아해 주는 찐 팬들과 소통하며 이벤트에서 건강 상담 등의 저만이 줄 수 있는 이벤트 선물을 걸었더니 1000팔로워 이벤트에도 댓글이 300개가 넘게 달리며 이벤트만으로도 많은 팔로워들을 만들 수 있었어요!

알고리즘의 변화_
홈탭에 주목해야 하는 이유

FOLLOW · · ·

현재 홈탭에서 인스타그램 로고를 터치하면 왼쪽 사진처럼 [홈], [팔로잉], [즐겨찾기] 탭이 따로 생기는 경우도 있고, 오른쪽처럼 기존 형태를 그대로 유지하는 계정도 있을 겁니다. 오른쪽처럼 바뀌지 않은 계정은 베타테스트를 거쳐 순차적으로 업데이트될 예정입니다.

♡ ◯ ◁

홈탭의 변화 바로 알기(관심사순)

업데이트 예정 화면

업데이트 완료 화면

2022 인스타그램 알고리즘 변화에서 가장 크게 주목해야 하는 부분이 바로 이 홈탭의 변화인데요. 전에는 홈탭에서 내가 팔로우하고 있는 계정과 해시태그의 게시물 및 광고를 보여줬다면, 이제는 내가 팔로우하고 있지 않은 계정들이 점점 더 많이 노출될 것입니다. 반대로 말하면 나의 게시물도 다른 사람의 홈탭에서 이렇게 쉽게 발견될 수 있다는 뜻이지요.

그렇다면 어떻게 해야 내 게시물이 나를 팔로우하지 않은 사람들의 홈탭에 더 많이 보이게 할 수 있을까요?

$$\heartsuit \ \bigcirc \ \triangledown$$

내 계정의 발견 확률을 높이는 방법

홈탭에서는 기존과 같이 나의 인스타그램 활동을 토대로 관심사에 기반한 추천이 이뤄집니다. 다만, 달라진 점이 있다면 내가 팔로우하지 않은 계정의 게시물도 인스타그램에 의해 추천되어 보이게 되는 점입니다.

인스타그램이 어떤 게시물을 홈탭에 추천하는지 알 수 있다면, 내 계정도 다른 사람들의 홈탭에 노출되도록 노려볼 수 있겠지요?

인스타그램에서 발표한 홈탭에 추천되는 게시물의 기준은 다음과 같습니다.

> **활동 :** 팔로우하는 계정 및 회원님이 좋아하거나, 저장하거나, 댓글을 남긴 게시물
> **연결 관계 :** 인스타그램에서 해당 계정 또는 유사한 계정과의 연결 내역
> **게시물 관련 정보 :** 게시물이 얼마나 인기 있는지, 인스타그램의 다른 사용자들이 게시물에 반응을 보이는 방식, 게시물이 게시된 날짜 또는 위치
> **계정 관련 정보 :** 지난 몇 주 동안 사람들이 해당 계정과 교류한 횟수
>
> (출처 : 인스타그램 고객센터)

인스타그램이 발표한 위의 네 가지를 고려해 봤을 때 결론은, 게시물이 계정의 색깔을 명확히 알려주고, 사람들에게 많은 반응(좋아요, 댓글, 저장 등)을 얻고, 교류를 활발히 할수록 유리하다는 것을 알 수 있습니다.

나의 홈탭에 어떤 게시물들이 주로 노출되는지 그 계정들의 게시물 수, 평균 '좋아요' 및 댓글 수, 해시태그 등을 살펴보는 것이 좋은 방법이 될 수 있습니다.

♡ ♢ ◁

노출을 높이는 게시물 업로드 주기

홈탭은 2022년 이전과 마찬가지로 관심사에 의한 노출이 이뤄지고 있지만, 새로 생긴 [즐겨찾기] 탭의 경우 최신 순으로 상단 노출이 되고 있습니다. 그렇기 때문에 나의 팔로워들이 주로 즐겨찾기 기능을 이용해 게시물을 확인한다면 게시물을 자주 올릴수록 더 많이 눈에 띌 수밖에 없겠죠?

그래서 예전에는 못해도 하루에 하나의 피드는 무조건 올려야 한다고 했다면 이제는 하루에 2~3개 정도의 게시물을 올리는 것이 계정 성장에 유리하다고 해석할 수 있습니다.

또 최신 순 노출이기 때문에 나의 팔로워들이 인스타그램에 가장 많이 접속하는 시간에 맞춰 게시물을 업로드한다면 훨씬 더 많은 노출을 기대할 수 있습니다.

프로페셔널 계정의
인사이트 분석하기

프로페셔널 계정으로 전환하면 인사이트 분석을 할 수 있습니다. 내가 만든 게시물 중에서 어떤 게시물의 반응이 컸는지 확인할 수 있어 앞으로의 콘텐츠 방향을 찾아가는 데 도움이 됩니다. 이번 장에서는 인사이트 분석에서 활용까지 알려드릴게요.

♡ ◯ ◁

프로페셔널 계정으로 전환하기

전략적으로 인스타그램 계정을 키우기 위해 가장 먼저 해야 할 일은 개인 계정에서 프로페셔널 계정으로 전환하는 것입니다. 프로페셔널 계정은 광고를 할 수 있다는 것과 계정의 인사이트를 분석할 수 있다는 두 가지 이점이 있습니다. 프로페셔널 계정은 크리에이터 계정과 비즈니스 계정으로 나뉘는데 둘 다 인사이트 분석에 큰 차이가 없기 때문에 상황에 맞게 설정하시면 됩니다.

개인 계정과 프로페셔널 계정의 가장 큰 차이점은 인사이트입니다. 내 계정을 방문한 사용자들이 어떤 활동을 하는지와 같은 계정 인사이트부터 어떤 게시글이 인기가 있는지 알 수 있는 개별 게시글의 상세데이터까지 분석해 줍니다.

인사이트를 통해 나의 계정이나 게시물의 상태를 정확히 알 수 있기 때문에 앞으로 만들어갈 게시물이나 계정의 방향을 설정하기 위해 반드시 확인하는 습관이 필요합니다.

$$\heartsuit \quad \bigcirc \quad \triangledown$$

내 계정 인사이트 확인하기

계정의 인사이트를 확인함으로써 설정한 기간 내에 내 계정이 얼마나 많은 사람들에게 도달했는지 팔로워 추이와 팔로워들의 거주 지역, 성별, 연령대, 주 활동 시간들을 확인할 수 있습니다. 이런 지표들을 확인하면 내가 어떤 게시물을 언제 올리는 것이 가장 좋은지를 쉽게 알 수 있을 거예요.

❶내 계정의 [인사이트]를 클릭하면 최근 도달한 계정과 참여한 계정 수 그리고 팔로워 추이를 확인할 수 있습니다.
❷[총 팔로워]를 클릭합니다.

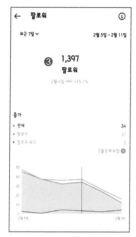
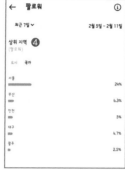

❸[총 팔로워]에서는 날짜별로 팔로워 증감률을 볼 수 있습니다.

❹스크롤을 내려보면 나의 팔로워들의 거주지 및 연령대를 알 수 있습니다.

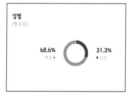
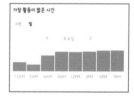

❺팔로워 성별 및 주요 활동 시간을 확인함으로써 업로드할 내용 및 게시물 업로드의 골든타임을 파악할 수 있습니다.

♡ ♢ ▽

게시물별 인사이트 확인하기

각 게시물별로 게시물 아래 [인사이트 보기]라는 글씨가 파란색으로 적혀 있습니다. 이 인사이트를 보면 '좋아요', '댓글', '공유', '저장' 순으로 숫자가 보입니다. '좋아요'는 다른 사람들이 내 게시물의 하트를 누른 수, '댓글'은 해당 게시물에 달린 댓글의 개수, '공유'는 친구들이 이 게시물을 다른 사람에게 전송한 숫자, '저장'은 다시 보기 위해 책갈피 모양의 아이콘을 눌러 누군가 이 게시물을 저장한 숫자입니다.

여기서 페이지를 살짝 끌어서 위로 올리면 이 게시물이 가장 많이 조회된 위치와 도달 및 노출 상태를 확인할 수가 있습니다. '도달'은 이 게시물을 본 계정의 수로, 몇 명이 보았는지를 의미합니다. 얼마나 많은 계정의 사람들이 내 게시물을 봤느냐라고 생각할 수 있죠. 여기서 헷갈리기 쉬운 부분이 바로 '노출'입니다. 노출은 항상 도달보다 높은 수치를 나타냅니다. 왜냐하면 노출은 사람들이 해당 게시물을 본 횟수이기 때문에 여러 번 반복해서 보는 사람이 생길수록 점점 높아지는 것이죠.

예를 들어 A라는 사람이 내 게시물을 봤다면 도달은 1입니다. 그런데 A가 댓글을 달아서 내가 다시 대댓글을 달아줬더니 그 대댓글을 확인하기 위해서 다시 해당 게시물을 확인했거나 또는 그 게시물이 다시 보고 싶어서 등 1회 이상 그 게시물을 확인했다면 노출은 계속해서 올라가게 되죠. 그렇기 때문에 노출이 높다는 것은 한 번 이상 내 게시물을 볼 가치가 있다고 판단한 점에서 당연히 좋은 결과라 할 수 있습니다.

다음으로 나의 게시물이 어디에서 가장 많이 조회가 되었는지를 확인할
수 있는데요. 홈, 프로필, 해시태그, 탐색탭 등의 카테고리가 보일 거예요.
'홈'이라는 것은 나를 팔로우해준 친구들이 내 게시물을 얼마나 봤는지를
의미합니다. 나를 팔로우해준 친구들의 홈탭에 내 게시물이 떠서 이 게시
물을 봤다면 홈에 카운트되는 것이죠. '프로필'은 나의 계정을 눌러서 들
어오는 경우 즉 나의 인스타그램 프로필을 확인하고 게시물을 본 수치를
의미합니다. '해시태그'는 게시물에 달아놓은 해시태그를 통해 유입이 된
경우를 뜻하겠죠?
마지막으로 '탐색탭'이 가장 중요합니다. 누군가 검색을 위해 인스타그램
에서 돋보기 모양을 눌렀을 때 나의 게시물이 그 사람에게 노출되어 자연
스럽게 내 게시물로 유입이 된 것을 의미합니다.

게시물별 인사이트 보기

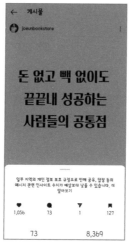

인게이지먼트 확인

해시태그 유입이 높은 경우

| 게시물별 인사이트 보기 | 인게이지먼트 확인 | 탐색탭 노출이 높은 경우 |

요즘 어떤 사람의 관심사를 가장 쉽게 파악하려면 그 사람의 유튜브 구독 목록을 확인하거나 유튜브 홈탭을 보면 된다고 하지요? 인스타그램도 마찬가지입니다. 인스타그램은 사용자들이 조금 더 인스타그램 안에 오래 머물면서 트래픽을 늘리는 것을 목표로 합니다.

평소 사용자가 어떤 게시물에 관심이 있는지를 토대로 그와 유사한 게시물들을 노출시켜줌으로써 오랜 시간 인스타그램 안에서 머물게 하는 거죠. 반대로 내 게시물이 어떤 사람이 좋아할 만한 게시물이라 판단되면 자연스레 내 게시물을 그 사람의 탐색탭에 노출시켜 줍니다. 이렇게 해서 유입된 경우를 인사이트 탐색탭에 기록합니다.

이제 인사이트 분석에 대해 잘 살펴보았으니 앞으로 어떤 타입의 게시물을 만들어야 할지 감이 좀 오시나요? 하지만 지나치게 인사이트에만 연연하고 골몰하면 오히려 더 힘들 수도 있으니 가볍게 참고한다는 자세도 때로는 필요합니다.

조은쌤의 tip

만약 내 게시물 인사이트에 [탐색탭]이 없다면 그건 그 게시물이 탐색탭에 노출되지 않았기 때문입니다. 사람들이 좋아할 만한 게시물을 꾸준히 업로드하다 보면 탐색탭 노출이 생길 거예요.

알고리즘 파도에 올라타기
(인기 게시물 만들기)

인스타그램은 관심사를 기반으로 하기 때문에 계정이 얼마나 소통을 잘 하고 있는지를 측정하는 인게이지먼트가 중요합니다. 즉 '좋아요', '댓글', '공유', '저장'이 많으면 많을수록 알고리즘이 인기 게시물로 파악하고, 탐색탭에 노출시켜 줍니다. 내 게시물이 훨씬 더 많은 사람에게 노출되도록 만들어주는 이 알고리즘 파도에 올라타는 방법을 알려 드릴게요.

♡ ◯ ◁

'꾸준함'으로 인기 게시물에 오르기

인스타그램이 인정하고 사람들에게 추천하는 게시물은 어떤 것일까요? 알아보는 방법은 인스타그램에서 돋보기 모양의 탐색탭을 눌러 보거나 탐색탭에 해시태그로 검색해 인기 게시물을 확인하면 됩니다.

그런데 어떤 계정의 게시물은 '좋아요'와 '댓글' 같은 인게이지먼트가 그다지 높지 않은데도 항상 인기 게시물에 올라있는 것을 발견할 수 있습니다. 대개 이런 계정의 특징은 바로 굉장히 오랜 기간, 아주 꾸준히 게시물을 업로드해 왔다는 공통점이 있습니다.
또 인기 게시물에 자주 오른다고 해서 그 계정이 무조건 팔로워가 많은 것도 아니라는 사실도 알게 됩니다. 이 점이 시사하는 바는 무엇일까요? 그

것은 자주 인기 게시물에 올라 사람들이 해당 계정에 방문한다 해도 그 계정이 매력적으로 보이지 않는다면 팔로워로 이어지지 않는다는 것입니다. 그렇기 때문에 인기 게시물에 오르는 것만큼이나 홈을 얼마나 깔끔하게, 계정의 결이 잘 드러나게 꾸며놓는지가 중요합니다. 나의 계정과 관심사가 동일한 사람들이 내 계정을 보았을 때 빠르게 팔로우를 하게 만드는 매력이 필요합니다.

♡ ◯ ▽
게시물을 업로드하는 골든타임 노리기

여러분은 주로 언제 인스타그램에 접속하시나요? 2022년 1월 인크로스, 매체력 평가 리포트에 의하면 우리나라 사람들은 다음 시간에 인스타그램에 가장 많이 접속한다고 합니다.

> 1. 오후/밤 시간 자투리 시간에 (68.2%)
> 2. 자기 전에 (51.8%)
> 3. 오전/낮 시간 자투리 시간에 (50.9%)
> 4. 이동 중에 (대중교통/도보/자가용 등) (40.9%)

앞에서 2022년부터 생긴 홈탭의 변화로 즐겨찾기 기능을 이용하는 팔로워들을 감안하면, 게시물을 많이 올릴수록 유리하다는 말씀을 드렸는데요. 하루에 2~3회 이상 업로드를 할 때, 팔로워들이 인스타그램에 많이 접속하는 시간에 잘 맞춰서 게시물을 올리는 것이 훨씬 유리하겠지요?

또 다른 방법으로는 인사이트를 분석해 나의 팔로워들이 주로 이용하는 시간대에 맞춰 게시물을 올리는 것입니다. 인기 게시물에 오르기 위해서는 게시물을 업로드하자마자 '좋아요'와 '댓글', '저장', '공유' 등의 인게이지먼트가 빠르게 올라가야 하는데, 이 타이밍을 잘 활용하면 인게이지먼트와 인기 게시물에 오를 확률 모두 높일 수 있습니다.

팔로워들이 주로 직장인인 계정이라면 출퇴근 시간이나 점심시간에, 육아 계정이라면 아이를 등원시키고 난 오전이나 아이들이 잠든 밤 시간 등 계정의 컨셉에 따라 게시물 업로드 골든타임은 조금씩 다를 수 있습니다.

제 계정의 경우, 미라클 모닝을 하시는 분들이 많아서 이른 아침에 인스타그램을 활용하는 경우가 많았고, 밤 10시가 지나면 게시물을 올려도 반응률이 급격히 떨어지는 경향을 보였습니다.

다양한 시간대에 게시물을 업로드하면서 나의 팔로워들이 가장 활발하게 활동하는 나만의 골든타임을 찾아보는 것을 추천 드립니다.

♡ ◯ ◁

게시물 업로드 후 바로 해야 할 일

첫째, 해시태그 검색 후 최근 게시물 공략하기

앞에서 인기 게시물에 오르려면 게시물을 업로드하자마자 빠르게 인게이지먼트를 높여야 한다는 말씀을 드렸습니다. 그렇다면 게시물을 올리자마자 어떤 행동을 해야 할까요?

바로 나의 잠재적 팔로워들이 사용할 만한 해시태그를 검색하고, 가장 최근에 게시물을 업로드한 사람들의 계정을 찾아 먼저 '좋아요'를 눌러주는 것입니다. 왜일까요? 보통 게시물을 올린 사람들은 바로 앱을 닫고 나가지 않고, 인친들의 계정을 둘러보면서 시간을 보냅니다. 현재 인스타그램 안에 머물고 있을 확률이 높은 이들의 계정을 찾아 소통하는 거지요.

이런 사람들의 게시물에 내가 먼저 찾아가서 '좋아요'를 눌러주고 소통을 시도하면 나의 잠재적 팔로워인 그들도 본인의 활동탭에 뜬 제 계정을 보고 '누가 내 게시물에 '좋아요'를 눌러줬지'라며 궁금해서 와볼 것입니다. 이 때 계정의 게시물이 마음에 들면 '좋아요'를 눌러주고, 피드 전체가 자신의 취향과 맞는다면 '팔로우'로까지 이어지겠지요?

게시물을 업로드한 후에는 반드시 나의 잠재적 팔로워들이 사용할 만한 해시태그를 검색해서 최근 게시물을 공략하는 것! 꼭 기억하시기 바랍니다.

둘째, 스토리로 또 한 번 노출하기

내가 게시물을 올린다고 해서 인친들의 홈피드에 내 게시물이 항상 노출되는 것은 아니기 때문에 다양한 방법으로 내 계정을 노출시켜줄 필요가 있는데요. 게시물에 올린 사진이나 내용을 스토리로 또 한 번 올려서 내가 새로운 게시물을 업로드했다는 것을 인친들에게 알려줍니다. 설령 홈에서 내 게시물을 발견하지 못했다 하더라도 스토리를 통해 내 계정으로 쉽게 유입시킬 수 있겠죠?

❶게시물 아래 비행기 모양 아이콘을 클릭합니다.

❷[스토리에 게시물 추가]를 눌러 주세요.

❸텍스트와 이모지 링크 등을 넣어줍니다.

❹[내 스토리]를 누르고 [공유]를 누르면 게시물이 바로 스토리로 공유됩니다. 이때 [친한 친구]를 누르면 설정한 친구에게만 스토리가 보입니다.

셋째, 내 팔로워와 상호관계성 높이기

내가 올린 게시물이 홈 상단 노출률에 따라 바로 나의 팔로워들에게 보여질 수도 있지만, 아주 한참 아래까지 스크롤을 내리고 내려야 보일 수도 있습니다. 따라서 내 계정과 나의 팔로워들의 계정에 상호 관계성을 높여서 홈상단 노출을 노리는 방법이 있습니다.

나의 이전 게시물에 '좋아요'를 누르거나 댓글을 달아준 팔로워들의 계정에 찾아가 '좋아요'를 눌러주면 됩니다. 내가 새로 업로드하는 게시물은 팔로워들과의 관계성에 의해 그들의 홈 상단에 노출되거나 또는 한참 아래에 노출될 수 있기 때문에 이런 상호 관계성을 높이기 위해 인친들을 찾아 '좋아요'를 눌러주면서 소통하는 방법은 매우 효과적입니다.

계정을 성장시키는
올바른 해시태그 사용법

인스타그램 하면 '해시태그'라는 단어가 자동 연상되지요? 인스타그램에서 해시태그는 정말 중요합니다. 특히 나의 계정이 컨셉 계정이라면 더더욱 내 계정의 컨셉과 관련된 키워드를 해시태그로 사용하는 것이 필수입니다.

해시태그 바로 알기

첫째, 해시태그의 힘

특정 키워드가 되는 단어 앞에 '#' 기호를 붙여 연관된 정보들을 한데 묶는 것을 말합니다. 해시(#) 기호를 써서 관련 게시물들에 꼬리표를 달아놓음으로써 사용자들이 보다 쉽게 해당 키워드로 원하는 정보를 찾아볼 수 있도록 한 것이죠.

해시태그를 만들 때 주의할 점은 단어를 띄어쓰기 없이 붙여 써야 해시태그로서의 기능을 할 수 있다는 것입니다.

최근에는 특정 계정뿐 아니라 해시태그 자체를 팔로우하는 사람도 많아져서 내가 해당 게시물을 업로드하고 특정 해시태그를 달면 그 해시태그를 팔로우하고 있는 사람들에게 자연스럽게 나의 게시물이 노출될 수 있습니다. 때문에 해시태그 사용은 계정 성장에 매우 중요합니다.

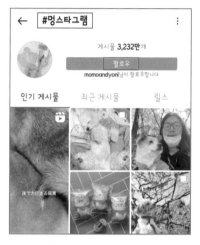
해시태그 #멍스타그램 팔로잉

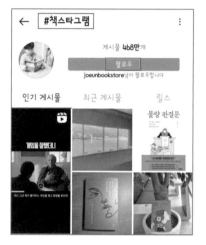
해시태그 #책스타그램 팔로잉

둘째, 노출에 유리한 해시태그 개수

인스타그램 탐색탭에서 내가 쓰려는 해시태그를 검색하면, 해당 게시물이 몇 개가 있는지 확인할 수 있습니다.

해시태그별로 양을 대, 중, 소로 나누어 게시물이 많은 해시태그 3~4개, 게시물이 중간 정도인 해시태그 3~4개, 적은 해시태그 3~4개, 이렇게 총 12개 정도의 해시태그를 쓰는 것이 좋습니다.

어떤 게시물이 인기 게시물에 오르는 것은 해당 해시태그의 게시물 중에서 알고리즘에 의해 높은 점수를 받았다는 뜻입니다. 아직 내 계정에서 노릴 수 없을 정도로 인기가 많은 해시태그만을 공략하거나 반대로 나와 상관없는 해시태그를 공략했을 때는 인기 게시물에 오를 확률 또한 낮아지겠지요.

가끔 "해시태그는 많이 써야 그만큼 노출도 잘 되고 좋은 거 아닌가요?"라는 질문을 받습니다. 하지만 그런 욕심 때문에 내가 올린 게시물과 상관없는 해시태그를 달게 되면 내 게시물의 인게이지먼트(좋아요, 댓글, 공유, 저장 등)를 떨어뜨리고, 간혹 상관없는 해시태그로 인해 신고를 당하게 되는 경우도 있습니다.

반드시 내가 업로드한 게시물과 상관이 있는 해시태그로 9~12개 정도 사용하시는 것을 권장해 드립니다.

셋째, 노출에 유리한 해시태그 위치

해시태그의 위치는 크게 세 군데로 나눠볼 수 있습니다. 필요와 용도에 따라 효과적으로 사용하면 됩니다.

캡션 중간

캡션 맨 아래

댓글

캡션 중간에 넣는 경우

캡션 중간에 해시태그를 쓰는 것은 검은 글씨만 있는 글 사이에서 유일하게 파란색으로 색상을 바꿔서 가독성을 높이려는 목적입니다. 강조할 글귀가 있거나 가독성을 높이기 위해 사용합니다.

캡션 맨 아래 넣는 경우

해시태그는 본문의 가독성을 해치지 않기 위해 주로 글의 맨 마지막에 쓰는 것이 일반적입니다. 줄 생성을 5줄 이상 충분히 하신 후 15개 정도의 해시태그를 쓰기를 권장합니다.

댓글에 넣는 경우

벤치마킹 계정들을 살펴보면 가끔 '이 계정은 왜 해시태그를 달지 않지?' 라고 생각되는 경우가 있는데요. 이럴 때 댓글을 열어보면 모두 댓글에 해시태그를 달아놓은 것을 볼 수 있을 거예요. 이렇게 댓글에 해시태그를 다는 것 또한 본문의 가독성을 해치지 않기 위한 방법입니다.

넷째, 잠재적 팔로워를 찾아내는 해시태그 사용법

해시태그의 가장 큰 목적은, 특정 해시태그를 검색하거나 그 해시태그를 팔로우하고 있는 누군가에게 내가 올린 게시물이 노출되게 하는 것입니다. 내 계정의 잠재적 팔로워를 찾는데 굉장히 유용합니다.

다른 사람에게 내 계정이 노출되는 경우는 다음과 같습니다.

1. 인스타그램 알고리즘에 의해 추천 게시물에 노출되기

2. 광고를 이용해서 타켓팅된 계정에 노출되기

3. 리그램이나 친구 소환으로 노출되기

4. 해시태그를 이용해 검색한 사람들에게 노출되기

5. 상대의 게시물에 '좋아요'나 '댓글'을 달아 노출되기

해시태그는 위 다섯 가지 방법 중 마지막 손품을 파는 방법을 쓸 때 '어떤 계정에 손품을 팔아야 좋을까'에 대한 답이 될 수 있습니다.

예를 들어 나의 잠재적 팔로워들의 페르소나를 그리지 않고 단순히 #맞팔해요 #선팔맞팔 등의 무의미한 해시태그들만 달려있는 게시물의 계정들에 손품을 판다면 팔로워가 늘지 않을 뿐 아니라 는다고 해도 그들은 내 계정을 단순히 맞팔 품앗이 정도의 가치를 매길 수밖에 없겠죠.

그렇기 때문에 진성 팔로워를 찾기 위해서는 나의 잠재적 팔로워들의 페르소나를 명확히 그려서 '그들이 어떤 취향을 갖고 있고, 어떤 취미를 갖고 있으며, 따라서 어떤 해시태그를 쓰고 있을까'를 생각하는 것이 매우 중요합니다. 나의 잠재적 팔로워들이 사용하고 있을 만한 해시태그가 달린 게시물을 찾아 그 계정에 손품을 판다면, 같은 손품을 팔아도 몇 배 이상 팔로워가 증가하는 결과를 만들 수 있겠죠?

다섯째, 캡션에서 강조를 위해 해시태그 사용하기

인스타그램 캡션은 글씨 크기나 색깔을 바꿀 수 없기 때문에 가독성을 높이는 것이 매우 중요하다는 말씀을 드렸습니다. 그런데 글씨 색깔을 바꿀 수 있는 유일한 방법이 있는데 바로 해시태그입니다. 해시태그는 글씨가 파란색으로 표시되기 때문에 조금 더 눈에 띄는 효과가 있습니다.

강조의 목적으로 캡션에 추가한 해시태그

그래서 어떤 계정에서는 '이런 단어는 굳이 검색 키워드가 아닌데 왜 여기에 해시태그를 달았을까'하는 글을 볼 수 있는데 이런 경우 대부분은 특정 글을 강조하는 목적으로 해시태그를 사용하고 있는 거라고 보면 되겠습니다.

글쓰기 중간 중간 내가 강조하고 싶은 내용이 있다면, 해시태그 뒤에 써서 강조하는 것도 좋은 방법이 될 수 있습니다.

♡ ♀ ▽
해시태그 추출 세 가지 방법

네이버 광고

대표적인 검색 사이트인 네이버를 이용하는 방법입니다. 네이버는 자체적으로 [네이버 광고]를 통해 키워드에 대한 분석 결과를 제공하고 있습니다. [네이버 광고]를 검색한 후 접속해서 회원가입을 하고, 오른쪽 상단 [광고 시스템]을 클릭한 후 [도구]에서 [키워드 도구]를 클릭합니다. 여기에 다양한 키워드를 넣어서 월간 검색량 등의 다양한 정보와 연관 키워드를 추천

받아 해시태그에 사용해 볼 수 있습니다.

❶[네이버 광고] 사이트에
들어갑니다.

❷[도구]에서 [키워드 도구]
를 클릭합니다.

❸[키워드]란에 사용하려
는 키워드를 입력해 주세
요.

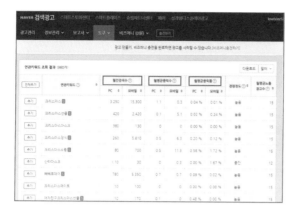

❹해당 해시태그 검색률을
확인할 수 있습니다.

키워드 마스터

'키워드 마스터'는 별도의 회원가입 없이도 원하는 키워드를 입력만 하면
검색량을 쉽게 파악할 수 있는 장점이 있습니다. 이때 주의할 점이 하나
있는데, PC 검색량보다는 모바일 검색량에 집중해야 한다는 점입니다.
왜냐하면 검색어에 따라 어떤 검색어는 PC 앞에 앉아 집중할 때 더 많이
검색되고, 어떤 키워드는 가볍게 모바일을 통해서 더 많이 검색되는 식의
약간의 차이점이 있는데, 인스타그램은 후자일 때가 많기 때문입니다.

❶[키워드 마스터] 사이트
로 들어갑니다.

❷사용하려는 해시태그를
입력해 주세요.

❸해당 해시태그 검색률
및 관련 키워드를 확인할
수 있습니다.

해시태그 LAB

'해시태그 LAB'은 해시태그에 대해 굉장히 다양한 정보를 제공합니다.

먼저, 트렌드 지수의 경우 1이 넘는 키워드는 현재 사용량이 많은 해시태
그를 뜻합니다. 따라서 1을 넘거나 1에 가까울수록 트렌드에 맞는 키워드
라고 보면 되겠습니다. 그래프 방향이 상승하는 경우, 시즌성 해시태그이
거나 사회적 이슈가 되는 해시태그가 많습니다. 정체되어 있는 그래프는
해시태그가 사용된 지 오래되었으며 꾸준히 인기를 누리고 있다는 의미입
니다. 하락하는 그래프는 유저들의 사용량이 줄어들거나 이벤트성 해시
태그로 사용이 점차 감소하고 있음을 나타냅니다.

이 밖에도 인기 포스트의 반응 범위부터 유형, 연관 태그 트리 추천 등 다양한 기능을 손쉽게 사용해 볼 수 있습니다.

❶해시태그 LAB에 분석할 해시태그를 입력해 주세요.

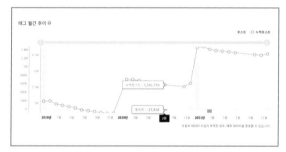

❷입력한 해시태그의 월간 추이를 확인할 수 있습니다.

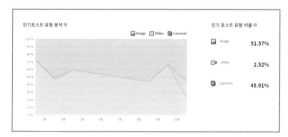

❸인기 게시물을 점유했던 포스트들의 유형을 알 수 있는 데이터입니다. 단일 이미지와 동영상, 여러 장의 사진을 게시한 경우의 비율을 확인할 수 있습니다.

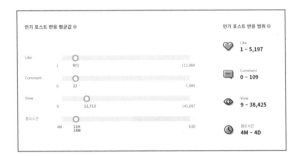

❹해당 해시태그의 인기 포
스트 평균값을 알 수 있습
니다.

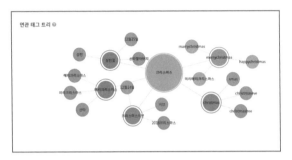

❺분석된 연관 해시태그를
내 피드 업로드시 사용해
볼 수 있습니다.

Rank	Tag	Post	Engage	Trend	Signal
①	메리크리스마스	2,372,343	2,473	1,517	—
②	산타털	365,827	967	-15	↓
③	크리스마스이브	999,453	520	-120	↓
4	christmas	-	-	-	-
5	merrychristmas	-	-	-	-
6	미리크리스마스	381,160	483	-51	—
7	산타	386,475	436	-37	⌄⌄
8	트리	591,397	321	-74	⌄⌄
9	해피크리스마스	83,168	1,187	-12	—
10	크리스마스트리	780,673	348	-78	↓

❻연관 해시태그의 순위를
확인함으로써 추가 해시태
그 정보를 얻을 수 있습니
다.

조은쌤의 tip

1. 게시물 올린 후 해시태그 바로 달기
게시물을 올린 후 댓글에 바로 해시태그를 달아야 합니다. 인기 게시물에 오르기 위해서는 게시물이 업로드된 후 빠른 반응을 얻는 것이 관건인데, 원활한 해시태그 검색을 위해 게시물 업로드와 동시에 이뤄지는 것이 좋습니다.

2. 협찬 해시태그는 잘 보이도록
제품의 협찬이나 광고비를 받고 제작한 콘텐츠의 경우 댓글로 #광고 #협찬 등의 해시태그를 다는 것보다는 사람들이 잘 볼 수 있게 본문에 게시하는 것이 훨씬 투명해 보일 수 있습니다.

3. 해시태그는 직접 입력
해시태그는 절대 복사 붙여넣기를 하면 안 됩니다. 해시태그 복사 붙여넣기를 할 경우, 댓글 블락에 걸려서 댓글을 남기지 못하는 경우가 발생할 수 있기 때문입니다. 해시태그는 반드시 직접 입력해 주실 것을 추천 드립니다.

♡ ♢ ✈

성공하는 해시태그 활용 사례

첫째, 출간 작가의 신간 홍보 해시태그
책을 출간한 후 나만의 해시태그를 만들어 선점함으로써 책의 성격을 드러내고 마케팅으로 사용한 사례입니다. #불멍 #물멍 이라는 트렌디한 단어에서 영감을 얻어 #책멍 이라는 해시태그를 만들었습니다. #책멍할래요? 라는 카피라이팅으로 베스트셀러에 진입하는데 성공할 수 있었습니다. 자기계발에 지친 사람들에게 '바쁨을 잠시 내려놓아도 괜찮아', '나를 들여다보고 책멍하는 시간도 필요해'라는 메시지를 줌으로써 해시태그를 잘 활용한 예라고 할 수 있습니다.

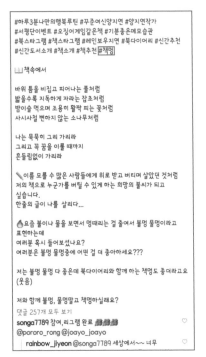

책의 성격을 드러낼 수 있는 #책멍 이라는 해시태그를 만들어 마케팅에 활용

@rainbow_jiyeon (조은책방 시크릿 2기)

"다른 SNS 없이 인스타그램 하나만으로 내 책 베스트셀러 만들기에 성공했어요"

자비 출판으로 출판사 도움 없이 혼자서 마케팅을 해나가려니 참 막막하더라고요. 당시 시기적으로 코로나로 지치고 끝없는 자기계발의 굴레에 힘겨워 하고 있을 사람들을 타게팅해서 조은쌤이 만들어 주신 #책멍 이라는 해시태그를 활용했어요. '불멍 물멍 대신 우리 #책멍 해요' 라는 문구를 이용해 사람들에게 다가갔죠. 그리고 인스타그램을 이용해 서평단을 모집하고 이벤트를 열어 프로모션을 하다 보니 정말 놀랍게도 제 책이 8일 만에 교보 75위, 예스24 46위 베스트셀러에 올랐어요. 8일 동안 제가 한 건 제 피드에서 진행한 서평단 모집이었어요. 올리자마자 3일 만에 두 계정에서 400개가 넘는 댓글이 달렸고 리그램을 40분이 넘게 해주셨더라고요. 정말 너무 감동받아서 눈물이 막 났어요. 인스타그램을 여러분이 하려는 분야에 맞게 마케팅적으로 잘 활용하신다면 누구나 이런 결과를 만들어낼 수 있을 거예요!!!

둘째, 상품 후기를 해시태그로 묶어서 보기 쉽게 만들기

피드를 카테고리별로 모아서 볼 수 있게 하는 방법으로 해시태그를 사용할 수 있습니다. 예를 들어 '조은슈즈'라는 신발 브랜드를 운영하고 있다면, 사람들은 이 계정에서 여러 종류의 구두를 볼 수 있지만 내가 원하는 스타일의 신발만을 모아서 보고 싶을 수도 있겠죠. 이 때 해시태그를 #조은슈즈_플랫 #조은슈즈_하이힐 #조은슈즈_단화 #조은슈즈_부츠 #조은슈즈_키높이 등의 해시태그를 사용함으로써 소비자가 원하는 카테고리만 모아서 볼 수 있게 나의 브랜드 해시태그를 만들 수 있습니다.

#횡성맛집 #평창맛집 등의 지역 해시태그를 활용해 잠재적 팔로워 및 잠재적 구매 고객을 찾아낸 사례

셋째, 지역 해시태그를 이용해 잠재적 구매 고객 찾아내기

해시태그를 이용해 잠재적 구매 고객을 직접 찾아 나설 수도 있습니다. 특히 이 방법은 오프라인 매장을 운영하고 있는 경우 매우 효과적입니다. 매장을 아무리 열심히 홍보한다 해도 결국 매장과 가까운 곳에 있는 사람이 찾아와 줄 확률이 높기 때문입니다. 저의 수강생이었던 SOV hair(소브헤어)의 경우 강원도 횡성에 위치하고 있었는데 #횡성맛집 #횡성카페 등의 해시태그를 이용해 우리 매장이 위치한 지역 내에 사는 사람들에게 직접 숍을 알리는 방법으로 활용했고, 평상시보다 훨씬 더 많은 고객 유치에 성공할 수 있었습니다.

@sovhair_garam (개인 코칭 수강생)

"해시태그로 잠재적 구매고객을 찾아가서 먼저 소통하자 일주일에 한 건 오던 염색 문의가 10배 이상 높아졌어요"

미용실을 운영하며 사람들과 소통하고 SNS를 활용해야 한다는 것은 알고 있었지만 처음에는 뭘 올려야 할지도 모르고 잠재적 구매고객을 찾는 방법도 전혀 몰랐어요. 하지만 고객들에게 저희 샵의 전문성을 보여줄 수 있는 피드들을 먼저 올려놓고 해시태그를 활용해 저희 지역에 사는 잠재적 구매고객들을 찾아가서 먼저 소통했더니 염색 문의가 엄청 오더라고요. 특히나 헤어샵이라는 특성상 퍼스널 컬러 진단 과정을 피드로 공유했던 것이 유효했던 것 같아요. 이미 서울에서는 많은 샵들이 진행하고 있는 방식이지만 저희 샵은 횡성에 위치하고 있어서 아직 이런 서비스를 받아보지 못한 고객님들도 많으셨거든요. 나의 전문성을 보여줄 수 있는 피드를 먼저 업로드하고 해시태그를 활용해 잠재적 구매고객들을 먼저 찾아나선다면 하시는 사업에 마케팅적으로 큰 효과를 보실 수 있을 거예요.

유입률을 높여주는
태그 사용법

태그라고 하면 보통 '해시태그'만을 떠올리는데요. 사람 태그, 브랜드 태그, 위치 태그, 상품 태그 등도 있습니다. 태그를 적절하게 사용해 내 게시물의 노출을 높이고, 계정 유입률을 높일 수 있는 방법을 알려드릴게요.

노출을 높여주는 계정 태그

인스타그램 게시물 글을 쓸 때 캡션에 @사용자 아이디를 넣어서 계정 태그를 할 수가 있습니다. 이때 계정 태그는 20개까지 가능하며 해당 게시물과 상관이 있는 계정을 태그합니다. 그들에게 내 게시물 알림이 뜨게 만들어 노출을 높이는 방법입니다.

주의할 점은 꼭 게시물과 상관있는 계정을 태그해야 합니다. 상관없는 계정을 태그할 경우, 해당 계정의 인스타그래머에게 반감을 사게 될 수도 있기 때문이지요.

계정 태그, 다음과 같이 활용하면 좋습니다.

내 게시물을 나의 인스타그램 친구와 나누고 싶은 경우	친구 계정
카페나 미용실, 펜션 등 다녀온 곳에 대한 리뷰를 올린 경우	해당 장소의 대표 계정
내가 사용한 제품에 대한 리뷰를 올린 경우	해당 브랜드 계정
유명 인플루언서와 관련된 게시물을 업로드한 경우	해당 인플루언서 계정

많은 분들이 인스타그램 초기에 연예인이나 유명인, 다른 인플루언서 계정을 태그하는 것을 어색해 합니다. 하지만 상황에 맞게만 사용한다면 해당 인플루언서에게 내 게시물이 노출될 뿐 아니라 연예인이나 인플루언서의 팬들에게도 나의 게시물을 알릴 수 있기 때문에 적극적으로 사용해 보실 것을 추천합니다.

♡ ♢ ♢

저장과 공유를 늘려주는 위치 태그

게시물을 업로드할 때 위치 태그를 활용하면 두 가지 장점이 있습니다. 첫째는 해당 위치를 검색하는 인스타그램 유저에게 나의 게시물을 쉽게 노출시킬 수 있고, 또 하나는 내 게시물의 저장과 공유를 높일 수 있습니다. 요즘 MZ세대는 어디를 가려는 계획이 있으면, 인스타그램에서 먼저 그 장소를 검색하는 경우가 많습니다. 해당 장소에서 포토존은 어디인지, 어떤 옷을 입으면 인스타그램용 사진을 예쁘게 찍을 수 있는지, 또 먼저 방문한 사람들은 어떤 포즈로 사진을 찍었는지 등을 보다 쉽게 확인하고 나의 여행에 적용하는 거지요.

그렇기 때문에 어떤 장소에 다녀온 후 게시물을 업로드할 때는 반드시 위치 태그를 넣는 것이 좋습니다. 영어보다는 한글로 써서 검색 노출을 높이는 것이 유리합니다.

네이버 광고 도구와 키워드 마스터를 통해 사람들의 검색량이 많은 곳을
미리 알고 방문한 후 사진을 찍고 게시물에 위치태그를 한 경우

이렇게 위치 태그를 넣었을 때 이 게시물의 정보를 보관하고 싶은 사람은 저장이나 공유 기능을 이용하겠지요? 그리고 친구에게 이 게시물을 알리면서 내 계정이 자연스럽게 바이럴될 수 있습니다.

♡ ⃝ ◁

판매를 이끌어내는 제품 태그

쇼핑몰이나 스마트 스토어 등 제품을 판매할 수 있는 사이트가 있으면, 제품 태그를 거는 기능을 활용할 수 있습니다. 사진 속 제품을 클릭하는 것만으로도 제품명이 확인 가능하고, 또 연결된 숍을 통해 웹사이트를 방문해서 빠르게 판매로 이어지게 하는 기능이죠.

단, 제품 태그를 위해서는 인스타그램 계정이 비즈니스 계정이어야 하고, 페이스북 페이지가 연동되어 있어야 합니다.

브랜드 계정 제품 태그 예시 : 제품을 터치하면 해당 웹사이트로 바로 가기 가능

팔로워를 슈퍼팬으로
바꾸는 방법

2022 인스타그램 뉴 알고리즘은 [즐겨찾기]라는 기능을 새로 만들어서 팔로잉하고 있는 계정 간에도 노출 격차를 발생시키고 있습니다. 어떤 계정은 더 애정을 갖고 그 계정에서 업로드하는 게시물을 빠짐없이 볼 수 있게 만든 것인데요. 그렇기 때문에 이제는 단순한 팔로워가 아니라, 팔로워를 능가하는 내 계정에 팬심을 가지는 슈퍼팬을 만드는 전략이 필요합니다.

♡ ♢ ◁

진정성 가득한 소통으로 팬심 만들기

2021년 말 인스타그램은 크리에이터들의 수익화를 돕기 위해 멤버십 제도를 만들겠다고 밝혔는데요. 이미 해외에서 몇몇 크리에이터들에게 적용돼 시행 중에 있고 곧 국내에도 도입될 것으로 보입니다. 멤버십 결제 유무 또는 멤버십 레벨에 따라 스토리나 라이브 방송 콘텐츠들을 차별적으로 볼 수 있게 함으로써 크리에이터들이 수익을 늘리고 보다 많은 게시물을 생산하게 하려는 것인데요. 이렇게 되면 유튜브처럼 인스타

그램에서도 지속적인 수익을 창출해낼 수가 있겠죠? 그러려면 일반 팔로워가 아닌 진성팬 더 나아가 슈퍼팬을 얼마나 확보하고 있는지가 중요할 텐데요.

천 리 길도 한 걸음부터!! 내 계정을 만들고 인스타그램을 시작하자마자 한달음에 달려와 나의 슈퍼팬이 되어 줄 사람은 내 가족밖에 없겠죠. 그래서 처음에는 서로 응원하며 함께 성장할 인스타그램 친구를 만드는 전략이 필요합니다. 이제 막 인스타그램을 시작한 입장에서는 다른 사람들과 어떻게 소통해야 할지, 또 팔로워를 늘리기 위해 선팔 맞팔을 하려고 해도 도대체 무슨 말을 어떻게 해야 할지 고민이 되시죠?

이때 가장 중요한 것은 당연히 진정성 있는 소통입니다. 오프라인에서도 한두 번 만나서 인사했다고 가까운 사이가 될 수는 없듯이, 직접 얼굴을 보지 않는 온라인에서는 더더욱 어려운 부분일 수 있습니다.

하지만 다른 계정에 가서 게시물을 보고 진심으로 소통하려고 노력한다면 어쩌면 오프라인에서 친구를 만드는 것보다 훨씬 쉬운 일일지도 모릅니다. 특히 공통의 관심사나 취향을 가지고 있다면 자연스레 대화를 해나가기가 쉽겠죠?

이번에는 소통을 너무 어려워하시는 분들을 위해 가볍게 쓸 수 있는 '댓글' 팁을 공유해드리겠습니다.

첫째는, 게시물을 읽고 진정성 있는 댓글로 호감을 표현하는 것입니다.

Q ───────────────────────────────

안 그래도 이 책리뷰 궁금했는데 이렇게 정성 가득한 리뷰를 보니 저도 빨리 읽어보고 싶네요!!! 좋은 리뷰 공유해주셔서 감사합니다.

저희 강아지도 입이 짧아서 사료 유목민 생활을 면치 못하고 있었는데 기호성 좋은 사료 정보 나눠주셔서 감사합니다. 저도 요거 테스터 꼭 신청해봐야겠어요!!! 감사합니다 :)

두 번째는, 인스타그래머를 칭찬해 줌으로써 마음의 문을 두드리는 것입니다.

Q ───────────────────────────────

어쩜 이렇게 요리를 잘 만드세요~~게다가 플레이팅 실력까지 너무 좋아서 보는 것만으로도 힐링이 되네요!!! 저같은 똥손에겐 먼 나라 얘기지만 인친님 피드 자주 보면서 따라하다보면 조금은 배울 수 있겠죠? 좋은 피드 공유해주셔서 감사합니다!!!

매일 아침 운동하는 게 참 쉬운 일이 아닌데 요즘 같은 날씨에도 이렇게 열심히 자기 관리하시는 모습 보니까 저한테도 정말 동기부여가 되네요!!! 항상 꾸준히 하시는 모습 정말 멋지세요!!!

세 번째는, 친근한 표현을 사용하면서 가까워지는 방법입니다. 이모티콘, 물결, 느낌표는 기본이겠지요?

Q ───────────────────────────────

우앗 이거 진짜 궁금했던 내용인데 이렇게 게시물 올려주셔서 궁금증이 싹 해결됐네요!!! 피드에 좋은 정보가 많아서 자주 놀러올게요 :) 오늘도 행복 가득한 하루 되세요^^

와우 저도 여기 진짜 가보고 싶었는데 이렇게 멋진 사진 올려주신 걸 보니 꼭 한 번 가보고 싶어지네요~~~~ > . < 요 피드 저장해놓고 꼭 한 번 다녀와야겠어요!!! 예쁜 사진으로 눈호강 시켜주셔서 감사합니다 :)

@may_hooni (조은책방 시크릿 6기)

"진심으로 소통하다 보니 한 달만에 팔로워가 1500명이 넘게 늘고 공구 사이트 셀러 인증도 받아서 공구도 진행할 수 있게 됐어요"

처음 인스타그램 계정을 열면 팔로워가 0명이니 사실 까마득하잖아요. 하지만 팔로워를 늘리려고 하기보다는 정말 저와 같은 육아를 하시는 분들과 진심으로 소통하며 정보를 주고 받고 서로 공감해주면서 인스타그램을 운영하다 보니 한 달만에 팔로워가 1500명이 넘게 늘더라고요. #선팔 #맞팔 같은 단어를 절대 쓰지 않고 정말 진심으로 피드를 읽고 그 계정에 진정성 있는 댓글을 남기면서 소통하려고 노력했어요. 예전 일상 계정보다 팔로워도 더 쉽게 늘고 셀러 사이트에서 인플루언서 인증도 받아 공동구매까지 시작할 수 있게 되었어요.

♡ ◯ ◁

댓글 고정으로 팔로워들의 인정욕구 채워주기

팔로워들이 내 게시물에 남긴 댓글을 고정시켜서 그 댓글을 상위 노출시키는 방법이 있습니다. 바로 '댓글 고정'인데요. 팔로워들의 인정욕구를 채워주고 나를 향한 팬심을 키워주기에 매우 좋은 방법입니다.

또 이렇게 긍정적인 댓글이 가장 상위에 노출되고 있으면 이를 보는 다른 팔로워들도 내 게시물에 대한 긍정적인 반응을 보이기 쉽습니다. 댓글을 고정시키면 해당 댓글을 남긴 팔로워에게 알림이 가기 때문에 내 게시물로 또 한 번 유입시키기에도 좋습니다.

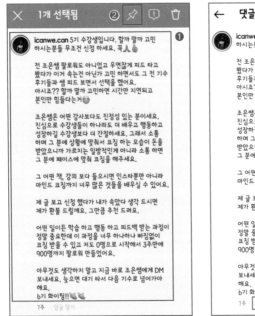
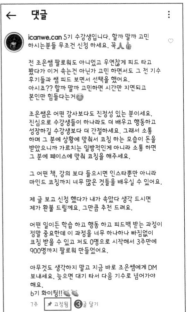

❶고정시키고 싶은 댓글을 꾸욱 눌러줍니다.

❷댓글창이 파랗게 변하면 우측 상단의 고정핀 모양 아이콘을 클릭합니다.

❸해당 댓글이 고정돼서 상단에 노출되는 것을 확인할 수 있습니다.(댓글 고정은 3개까지 가능합니다)

♡ ♢ ◁

홈 유입이 떨어졌을 때 대처 방법

손품을 팔아서 '좋아요'와 팔로워를 늘리는 작업에만 집중하다 보면 기존 팔로워의 유입이 떨어지는 때가 올 수 있습니다. 인사이트를 확인해 보면 게시물에서 홈 유입이 현격히 낮아진 것을 볼 수 있죠. 이때는 내가 팔로 잉하고 있는 계정을 방문해서 '좋아요'와 댓글로 소통해주고, 또 내가 맞팔은 해주지 못하더라도 나의 팔로워들의 게시물에 '좋아요'를 눌러줌으로써 다시 홈 유입을 올릴 수 있습니다.

홈 유입이 떨어졌을 때는 내가 지나치게 잠재적 팔로워들에게만 에너지를 쓴 것이 아닌지 되짚어 보세요. 게시물을 올렸을 때 나의 게시물에 가장 빠르게 반응을 해 줄 수 있는 팔로워들과의 관계가 소원해지지 않게 하는 것은 매우 중요합니다.

그렇다면 구체적으로 어떻게 하면 내 게시물이 팔로워들의 홈탭 상단에 노출되도록 할 수 있을까요?

첫째, 너무나도 당연한 말이지만 팔로워들이 '좋아요'를 누르고, 댓글을 달고 싶을 만큼 좋은 게시물을 만드는 것이 먼저겠지요?

둘째는, 게시물을 올리고 나서 기존에 내 게시물에 '좋아요'를 누르거나 댓글을 달아준 계정들을 찾아가서 '좋아요'와 댓글로 함께 소통하면서 두 계정의 연관성을 높이는 겁니다.

셋째는, 팔로워들과 자주 디엠을 주고받는 것도 좋은 방법입니다. 이 행위만으로도 인스타그램 알고리즘이 나와 팔로워와의 연관성을 높게 인식할 수 있는 부분이기 때문입니다.

게시물 인사이트 분석 시 홈탭에서의 유입이 떨어졌다면 위의 세 가지 방법을 활용해 보세요.

인스타그램 인증
배지 이용하기

인스타그램 인증 배지를 아시나요? 인증 배지를 이용해 계정의 신뢰도를 높이고, 후광효과를 이용해 계정 성장에 도움받을 수 있는 방법을 알려드릴게요.

인스타그램 인증 배지란?

검색 및 프로필에서 계정 이름 옆에 있는 파란색 배지를 본 적 있으신가요? 이 표시가 인증 배지입니다. 해당 계정이 공인이거나, 유명인, 또는 브랜드 공식 계정임을 인스타그램으로부터 인증받은 표시이지요.

이렇게 인증 배지를 사용하는 이유는, 사람들이 공인과 브랜드의 실제 계정을 쉽게 찾을 수 있게 함과 동시에 사칭 계정으로부터 피해를 당하는 일도 방지하기 위해서입니다.

하지만 이 인증 마크는 팔로워가 많다고 무조건 신청이 승인되거나 팔로워가 적다고 거절되는 것은 아닌데요. 그럼 인스타그램 인증 배지 신청 요건에 대해서 알아보겠습니다.

♡ ◯ ▽

인증 배지 신청 요건

인스타그램은 서비스 약관과 커뮤니티 가이드라인과 더불어 다음의 네 가지 조건을 충족하는지를 기준으로 판단하고 있습니다.

📷 ─────────────────────────

진정성 : 실제 인물, 등록된 비즈니스 또는 단체를 대표해야 합니다.

고유성 : 인물이나 비즈니스를 대표하는 고유한 계정이어야 합니다. 다른 언어 계정을 제외하고 사람이나 비즈니스 당 하나의 계정만 인증 받을 수 있습니다. 일반 관심 분야 계정(예:@puppymemes)은 인증 받을 수 없습니다.

완전성 : 계정은 전체 공개 상태여야 하며 소개와 프로필 사진이 있고 신청 시점에서 활성 상태여야 합니다.

유명성 : 계정은 자주 검색되는 잘 알려진 인물이나 브랜드 또는 단체를 대표해야 합니다. Instagram에서는 다수의 뉴스 미디어에서 다루는 계정을 검토하며, 유료 또는 스폰서 미디어 콘텐츠는 검토 대상 미디어로 간주하지 않습니다.

- 출처 : 인스타그램 고객센터

─────────────────────────

지레 '내 계정은 팔로워도 적고 공인도 아니니까 인증 배지를 받기는 힘들

겠구나.'생각할 필요는 없습니다. 실제로 팔로워 수 1만 이하의 계정도 인증 배지를 획득한 경우가 심심찮게 확인되기 때문입니다.

$$\heartsuit \quad \bigcirc \quad \triangledown$$

인증 배지 신청 방법

어느 정도 계정을 성장시켰다면 인스타그램에서 요구하는 지표들을 정성스럽게 작성해서 인증 배지를 신청해 보는 게 좋겠죠? 방법은 아주 간단합니다.

인증 배지를 신청하면, 인스타그램에서 30일 이내에 인증 배지 요청을 검토한 후 계정의 인증 여부를 알림으로 보내옵니다. 이 알림은 인스타그램 홈 화면 오른쪽 상단 하트모양의 활동탭에서 확인할 수 있습니다.

❶내 프로필 오른쪽 상단에 위치한 [≡]을 누릅니다.
❷[설정]을 선택합니다.
❸[계정]을 클릭합니다.

❹[인증 요청]으로 들어갑니다.

❺사용자 이름과 실제 이름을 적고, [문서 유형]에서 [>]를 클릭합니다.

❻다양한 제출 가능 문서 중 업로드할 문서를 선택한 후 [완료]를 눌러줍니다.

❼[2단계 인지도 확인]에서 [카테고리]를 설정해 줍니다.

❽나를 팔로우하는 사람은 누구인지 또 그들의 관심사는 무엇인지에 대해 정성껏 작성합니다.

❾내 계정이 공익에 기여함을 보여준 기사 또는 다른 소셜 미디어 계정이 있다면 링크를 적은 후, [제출]을 누르면 신청 완료됩니다.

인증 배지 요청을 제출한다고 해서 반드시 계정이 인증되는 것은 아닙니다. 또 인스타그램에서는 결정에 대한 알림을 받기 전 인증 배지를 여러 번 신청할 경우 신청이 취소될 수 있다고 고지하고 있으니 이점 숙지하시면 좋겠습니다.

SECRET INSTAGRAM

PART. 4

인스타그램 협찬과
수익화

나노 인플루언서도
협찬 받을 수 있는 사이트

인스타그램에서 협찬을 받는다고 하면 보통은 디엠으로 연락이 와서 제품을 받고 소개한다거나, 고가 제품의 경우 업로드 후 광고비를 받고 제품은 다시 반납하는 경우 등입니다.
그런데 요즘은 마이크로 인플루언서뿐 아니라 나노 인플루언서의 영향력도 대두되면서 팔로워가 1000명 미만이어도 계정이 잘 활성화되어 있다면 여러 제품들을 협찬 받을 수 있는 사이트들이 있습니다.

인스타그램에는 협찬 받을 수 있는 다양한 어플리케이션이 있습니다. 간단하게 설치한 후 내가 협찬 받고 싶은 상품을 선택해서 글을 남기고 광고주의 컨펌이 끝나면 제품을 받을 수 있습니다. 실제로 제가 운영했던 강아지 계정에서도 팔로워 1000명이 되지 않을 때부터 강아지 사료 등의 제품을 쉽게 협찬 받을 수 있었습니다.

파인앳플

파인앳플 앱은 크게 인스타그램과 블로그 카테고리로 분류되어 있습니다. 여기서 인스타그램을 선택하면 인스타그램 계정을 이용해 협찬 받을 수 있는 제품 리스트가 뜹니다. 내 계정에서 소개할 만한 제품을 찾았다면 이제 [캠페인 참여]를 누릅니다.

배송지 정보를 넣고 나면 광고주에게 내 계정을 어필할 수 있는데 이때가 아주 중요합니다. 만약 내 계정의 팔로워가 1000명 미만이거나 많지 않다면 이 글을 통해 내 계정에 대한 신뢰도를 높일 수 있기 때문입니다.

예를 들어 '제 계정의 팔로워 수는 아직 000명밖에 되지 않지만 대부분의 팔로워가 이 제품에 관심이 있는 20~30대 여성입니다. 저의 팔로워들에게 도움이 될 것 같아 신청하게 됐습니다.' 또는 '팔로워 수는 000명이지만 해시태그와 탐색탭 노출 등을 합치면 제가 올리는 게시물의 평균 노출 수는 5000이 넘습니다. 팔로워 수보다 훨씬 더 큰 광고효과를 기대해 볼 수 있습니다. 기회가 된다면 제 계정에서 이 제품을 멋지게 소개해 보고 싶습니다.' 이런 식으로 어필하신다면 아직 팔로워 수가 많지 않더라도 쉽게 제품을 협찬 받으실 수 있습니다.

이때 체험단뿐 아니라 기자단으로 활동하시면 제품 협찬은 물론 수익화도 가능하기 때문에 계정이 어느 정도 성장한 후에는 기자단으로도 활동을 해보시는 것도 추천해 드립니다.

파인애플 외에도 마켓잇, 리뷰쉐어, 미디언스 등의 다양한 채널을 이용하시면 내 인스타그램 계정만으로도 체험단 활동이 가능합니다.

| 마켓잇 | 리뷰쉐어 | 미디언스 |

조은쌤의 tip

이렇게 협찬 사이트를 이용하면 사실 협찬으로 물건을 제공받는 것 이상의 장점이 있습니다. 바로 '브랜디드 콘텐츠 광고' 캠페인으로 활용되는 것인데요. 브랜디드 콘텐츠 광고란, 인플루언서가 업로드한 콘텐츠를 브랜드 계정과 연동해서 콘텐츠를 홍보하는 방법입니다. 인플루언서 본인 계정 그대로 광고가 집행되며, 광고 비용은 브랜드가 부담하는 것이죠. 따라서 게시물을 올리는 인플루언서 입장에서는 물건도 협찬 받고, 내 돈 한 푼 안 쓰고 게시물이 광고가 돼서 내 계정으로의 유입도 늘리고, 내 게시물의 인게이지먼트(좋아요, 댓글, 저장, 공유)도 올릴 수 있는 좋은 기회가 됩니다.

광고비 받는
콘텐츠 크리에이터 되기

흔히들 인스타그램 팔로워가 1만 명은 넘어야 협찬과 제작비를 받을 수 있다고 생각하시지요? 하지만 의외로 계정을 어떻게 운영하느냐에 따라 팔로워 1000명대에서도 협찬과 제작비를 받는 크리에이터가 될 수 있습니다. 그 비결을 공개해 드립니다.

♡ ◯ ⊲

팔로워 몇 명부터 제작비를 받을까

인스타그램을 하다 보면 게시물에 <협찬광고>라고 쓰여 있는 것을 종종 볼 수 있지요? 제품을 협찬 받거나 광고비를 지원받아 만들어진 게시물을 뜻합니다.

그렇다면 언제부터, 어떻게 협찬과 광고비를 받을 수 있을까요? 대부분의 협찬은 인스타그램 디엠이나 프로필에 설정해놓은 이메일, 카톡 등으로 광고를 맡길 대상으로부터 연락을 받는 경우가 일반적입니다. 계정의 팔로워가 1000명 이상이 되면 제품을 협찬해 주겠다는 연락은 심심치 않게 올 거예요. 그렇다면 과연 광고비는 언제부터 받을 수 있는지 궁금하시죠?

광고비를 받는 방법에는 두 가지가 있습니다.

첫째, 광고를 맡기는 사람이 "광고를 의뢰하려고 하는데 진행 방법과 비용은 어떻게 되나요?"라고 제안하는 경우입니다.

둘째는, 협찬을 해주겠다는 연락이 왔을 때 내가 먼저 제작비를 제시하는 방법입니다. "협찬의 경우, 제품과 제작비를 지원받아 게시물을 올려드리고 있습니다."라고 말하는 거죠.

여기서 중요한 것은 바로 두 번째입니다. 많은 사람들이 흔히 착각하는 것이 바로 '내가 인스타그램 계정을 어느 정도 키우면 그때부터 자연스레 광고가 들어오고, 제작비를 알아서 주겠지'라는 것인데요. 그 정도가 되려면 적게는 1만에서 수십 만 팔로워가 생겨야만 가능한 시나리오입니다.

그게 아니라면 두 번째 경우처럼, 협상을 통해 내가 금액을 먼저 제시하고 받는 방법밖에 없는데, 단번에 성공할 수 있을까요? 당연히 수도 없이 거절 당할 각오를 해야겠지요. 누구나 거절을 당하는 것은 두려운 일입니다. 하지만 거절을 당해봐야 내가 제작비를 부를 수 있는 타이밍과 또 내가 부를 수 있는 금액에 대해서 몸으로 익힐 수가 있습니다. 제작비를 받는 크리에이터로 거듭나려면 거절을 당해보는 경험을 해보시는 것도 중요합니다.

♡ ◯ ◁

거절당하지 않는 제작비 협상 과정

이제 거절당할 각오를 하고 제작비 협상을 해 보기로 마음먹으셨나요? 그렇더라도 거절을 최소화할 전략은 미리 준비해야겠지요?

이때 가장 필요한 것은 프로페셔널한 자세입니다. 광고를 제안하는 광고주는 여러분 계정의 모든 게시물을 하나하나 살펴보지 않았을 확률이 높지요? 아직 광고를 한 번도 진행해 보지 않은 계정인지, 이미 원활하게 진행하고 있는 계정인지 단숨에 파악하기는 쉽지 않을 겁니다.

그렇기 때문에 아직 한 번도 제작비를 지원받아 콘텐츠를 만들어본 적이 없다고 해도 미리 협상 시스템을 매뉴얼화하고 그 매뉴얼에 맞게 프로처럼 협상을 이어가면 됩니다.

먼저 광고를 의뢰하는 디엠이나 연락이 왔을 때, 가장 먼저 해야 할 일은 자연스러운 인사입니다. 마치 늘 이런 제안을 받는 계정인 것처럼 말이죠.

ⓘ ─────────────────────

광고주 : 안녕하세요? 이번에 저희 00제품이 새로 출시돼서 제품을 협찬해드리려고 하는데 괜찮으실까요?

인스타그래머 : 안녕하세요! 제 계정을 좋게 봐주시고 이렇게 콜라보 제안을 주셔서 정말 감사합니다. 혹시 제가 소개할 제품이 어떤 제품인지 확인 가능한 링크를 좀 부탁드릴 수 있을까요?

광고주 : 네 물론이죠. 링크 보내드리겠습니다.

(링크 확인 후... 몇 분 정도의 시간을 들여 꼼꼼히 확인해 주세요!)

인스타그래머 : ~한 분들께 도움이 될 만한 참 좋은 제품이네요.(해당 제품이 어떤 분들께 도움이 될지와 이런 좋은 제품을 만들어준 것에 대해 칭찬을 해주는 것이 좋습니다.) 제 계정의 경우 주부들과 여성분들 팔로워가 대다수이기 때문에 이 제품이 도움이 될 분들이 많으셔서 소개해도 좋을 것 같아요. (제품의 잠재적 구매 고객과 나의 팔로워들이 일치할 경우 이 점을 부각시키면 좋습니다.)

─────────────────────

내 계정 팔로워들의 특성이 이 제품의 잠재적 구매자와 상관성이 높을 경우, 이 부분을 크게 어필하신다면 협상에서 유리한 고지를 점할 수 있습니다.

협찬이 들어왔을 때는 단순 협찬으로 그치지 말고 재빨리 제작비 부분을 언급하는 것이 좋습니다. "제 계정은 제품 외에도 제작비를 지원받아 피드를 올려드리고 제품 광고를 돕고 있습니다."라고요.

그리고 추가로 내 계정의 인사이트를 캡처해서 얼마나 많은 계정에 내 게시물이 도달되고 있는지, 이미 콜라보를 진행하며 좋은 리뷰를 얻은 결과물이 있다면 그것도 함께 사진으로 전송합니다.

⊙ ──────────────────────────────────

인스타그래머 : 혹시 더 궁금하신 내용이 있다면 디엠이나 010-****-****번으로 연락 주세요.(제작비를 지원할 의향이 있을 경우에만 추가로 질문을 주시면 된다는 내용을 언급해 주세요)

여기까지 진행됐다면 이제 광고주 입장에서도 생각을 할 겁니다. '이 계정에 금액을 지불하고 광고를 할 효용가치가 있을까?'라고 말이죠. 그리고 인사이트 결과로 캡처한 내용들이 마음에 들었다면 제작비를 물어볼 확률이 매우 높습니다.

광고주 : 제작비는 어떻게 될까요?

인스타그래머 : 제작비는 피드를 한 번 업로드할 경우 00만 원, 피드와 스토리를 함께 업로드할 경우 00만 원, 피드와 릴스를 함께 업로드할 경우 00만 원입니다.

──────────────────────────────────

금액을 제시하기 위해 미리 제작비를 정해놓는 것은 필수입니다. 아직 제작비 지원을 받아본 적이 없다면 5만 원부터 부르는 것이 적정합니다. 추후 내 게시물의 퀄리티가 올라가고 협상에 대한 능력이 높아진다면 10만 원부터 30만 원까지도 충분히 책정할 수 있습니다. 팔로워 수가 1만 이하라 하더라도 말이죠.

이렇게 제작비 지원이 성사됐을 때 마지막 인사까지도 프로페셔널한 모습을 잃지 않으셔야겠지요?

인스타그래머 : 이렇게 좋은 제품을 제 계정에서 소개할 수 있게 콜라보 제안을 해주셔서 다시 한 번 감사드립니다.

광고주 : 네 감사합니다. 그럼 잘 부탁드리겠습니다.

여기까지 매끄럽게 진행됐다면 아마 광고주는 이미 여러분을 충분히 신뢰하고 함께 콜라보하게 된 것을 기쁘게 생각할 겁니다.

이렇게 여러분은 팔로워 수가 얼마 되지 않더라도 여러분의 인스타그램 계정을 이용해 수익화의 첫 발을 뗄 수 있습니다.

조은쌤의 tip

좋아요, 댓글, 공유, 저장, 도달, 노출 등을 확인할 수 있는 인사이트를 광고주에게 제공합니다. 이때 최근 게시물 여러 개를 사진 캡처가 아닌 촬영된 동영상 형태로 제공하면 더 높은 신뢰감을 줄 수 있습니다.

👤 수강생 인터뷰

@bbo_pharm (조은책방 시크릿 6기)

"협상에 대한 마인드를 바꾸자 다양한 수익화의 길이 열리기 시작했어요"

조은책방 시크릿의 협상 강의를 듣고 제 계정의 가치는 제가 정한다고 마음먹고 나자 다방면에서 수익화의 길이 열리기 시작했습니다. 팔로워 1000명대인 제 계정에서도 공동구매로 수익을 창출하게 됐고 또 조은 선생님의 협상 전략을 따라서 실천한 결과 광고주가 처음 제시한 금액보다 150%의 광고비로 협상을 타결할 수 있었습니다. 팔로워가 어느 정도 돼야지 수익을 창출한다는 생각은 접어두고 나 스스로와 내 계정의 가치를 믿는다면 수익화의 길을 쉽게 열 수 있을 거예요!

♡ ⬜ ✈

단돈 만 원이라도 제작비를
받아보는 것이 중요한 이유

일단 제작비를 지원받아 콘텐츠를 업로드해 보면 기존에 내 피드를 올릴 때와는 마음가짐이 상당히 많이 달라집니다. 내가 올리는 광고 게시물이 적어도 그 정도의 퀄리티를 내야 한다는 부담감이 들기 때문이죠.

제가 경제·경영 분야의 책을 광고하게 됐을 때의 에피소드입니다. 이전의 감성적인 책에서는 카드 뉴스로 제작할 문구들을 쉽게 뽑아낼 수 있었는데 이 책은 썸네일에 들어갈 카피라이팅을 하는 것이 너무 어려웠죠. 카피나 글쓰기에 대한 기술이 전혀 없던 초기라 더더욱 그랬죠. 하지만 제작비를 이미 받은 상태였기 때문에 썸네일에 들어갈 한 줄을 위해 밤새 머리를 쥐어짜낼 수밖에 없었습니다. 유튜브와 인스타그램의 인기 게시물까지 모두 뒤져서 새벽까지 찾고서야 겨우 몇 글자를 완성할 수 있었죠.
다행히 게시물의 인게이지먼트는 매우 좋았고 광고를 맡기신 분의 반응도 좋았습니다. 아마 제가 제작비를 지원받지 않았다면 그렇게 새벽까지 머리를 싸매고 골몰하는 일은 없었겠지요. '이게 바로 취미와 프로의 차이구나!'라는 생각이 들었죠.

물론 취미가 일이 됐을 때 그것을 마냥 즐길 수만은 없는 단점은 있습니다. 하지만 제작비를 지원받고 콘텐츠를 만들게 되면 여러분의 콘텐츠 제작 능력은 반드시 비약적으로 상승할 것입니다. 사진을 어떻게 올릴지부터 글은 어떻게 써야 할지, 어떻게 하면 더 많은 '좋아요'와 '댓글'을 받을 수 있을지까지 여러 고민들을 실행해봄으로써 당연히 실력이 좋아질 수밖에 없는 거죠.

그래서 저는 처음 시작할 때 단돈 만 원이라도 꼭 제작비를 받고 콘텐츠를 만들어보시기를 추천해 드립니다. 돈도 벌고 내 실력까지 업그레이드할 매우 좋은 기회니까요.

성공하는 인스타그램
공동구매 공식

인스타그램 공동구매에 성공하기 위해서는 인스타 마켓의 특징에 대해 먼저 알아야 합니다. 인스타그램 공동구매는 네이버 스마트 스토어와는 어떻게 다른지 또 인친들과의 소통이 왜 중요할 수밖에 없는지에 대해 알아보겠습니다.

♡ ◯ ▽

스마트 스토어와
인스타그램 공동구매의 차이점

네이버 스마트 스토어와 인스타그램 공동구매의 차이를 알기 위해 가장 먼저 이해해야 하는 단어는 바로 '가성비'와 '가심비'입니다. 가성비란 '가격 대비 성능'의 준말로 소비자가 지급한 가격에 비해 제품 성능이 소비자에게 얼마나 큰 효용을 주는지를 나타냅니다. 한편 '가심비'란 '가격 대비 마음의 만족'을 뜻하는 사람들의 소비 형태를 뜻하는 단어입니다.

대부분의 소비자들에게 네이버 스마트 스토어에서의 구매 기준이 '가성비'라면, 인스타그램에서는 '가심비'가 구매에 결정적인 영향을 미치는데요. 이 '가심비'의 대부분이 해당 계정의 인스타그래머에 의해 결정됩니다. 즉 어떤 물건이어서 사게 되는 경우도 있지만 그 인스타그래머가 판매하기 때문에 믿고 사는 경우가 많다는 뜻입니다. 그렇기 때문에 인스타그램 공구는 해당 계정의 주인인 인스타그래머가 전부라고 해도 과언이 아닙 니다. 즉 '인스타그래머의 취향과 경험'을 판매한다고도 볼 수 있습니다.

왜 인스타그램 공동구매 계정들이 첫째도 소통, 둘째도 소통, 셋째도 소 통인지 아시겠죠? 인스타그래머라면 '상품'을 파는 것이 아닌 '나의 경험, 라이프 스타일'을 판매할 수 있어야 합니다.

♡ ♡ ⊽

인스타 공구의 생명,
팔로워와의 친밀감 형성 방법

왜 인스타그램에는 '00맘'이라는 호칭이 그렇게도 많을까요? 바로 '육아' 라는 카테고리 안에서 서로 친밀감을 형성하기에 가장 좋은 방법이기 때 문입니다. 심지어는 '00언니'라는 사용자 이름을 쓰는 분 중에 남자분도 있다는 점을 감안하면 이런 호칭들이 얼마나 쉽게 친밀감을 형성하기에 유리하고 마케팅적으로 좋은 이름인지 알 수 있습니다.

이렇게 서로가 묘한 동질감을 느끼게 되면 함께 나눌 이야기들도 많고 그 만큼 쉽게 친해질 수 있기 때문에 제품을 판매할 때도 유리합니다.

꼭 이런 친밀감이 아니어도 진정성 있는 댓글로도 판매를 이끌어낼 수 있 습니다. 실제로 저도 제 피드에 아주 진정성 있는 댓글을 남겨주신 분을 보고 그 계정을 둘러보다가 물건을 구매한 적이 여러 번 있습니다. 또 제가 그 물건을 다 써갈 즈음 또다시 그분이 제 글에 댓글을 남기셔서 '아, 맞다 여기서 사면 되지.' 생각이 들어 제품을 재구매하기도 했습니다.

물론 그분이 판매 전략의 하나로 댓글을 남기셨는지는 확인할 수 없지만, 분명한 건 이 방법이 마케팅적으로 매우 훌륭하다는 점입니다. 특히나 서로 간의 소통이 중요시되는 인스타그램에서는 더더욱 효과적인 방법이라고 할 수 있습니다.

내 계정에 와주시는 팔로워들과 친밀감을 형성하는 것은 물론 잠재적 구매 고객에게 먼저 다가가서 진정성 있게 소통하는 것만으로도 제품 판매에 지대한 영향을 끼칠 수 있다는 점을 꼭 기억해두시면 좋겠습니다.

♡ ○ ▽

공동구매 도전해 보기

공동구매를 하는 방법은 첫째, 디엠을 통해 업체의 의뢰를 받는 방법 둘째, 내가 직접 판매할 제품의 업체와 컨택하는 방법 셋째, 업체와 인플루언서를 연결해 주는 사이트를 이용하는 방법 이렇게 세 가지가 있습니다. 첫 번째 방법은 내 계정이 선택되기를 막연히 기다릴 수밖에 없고, 두 번째 방법은 소싱이 처음이신 분은 다소 시작하기 어려운 선택지지만, 세 번째는 이제 막 인스타그램을 시작해 판매 경험이 부족하더라도 쉽게 도전해 볼 수 있는 방법입니다.

요즘은 이렇게 업체와 인플루언서를 연결해 주는 사이트가 굉장히 다양하게 생겨나고 있습니다. 그중에서도 가장 대중화되어 있는 사이트가 '브릭씨'입니다.

'브릭씨' 앱을 열고 하단에 보면 [브릭셀러]라는 카테고리가 있습니다. 이 카테고리에 들어가면 인스타그램 계정에서 공동구매를 열 수 있는 다양한 제품들을 확인할 수 있습니다. 그리고 각각의 제품을 눌러보면 하나의 샘플 단가와 마진율이 전부 소개되어 있습니다.

내 인스타그램 계정을 통해 판매할 수 있는 제품이라고 생각되면 샘플 하나를 사서 직접 써본 제품의 리뷰를 올리고 제품을 홍보해서 판매함으로써 수수료를 받는 거지요.

이 경우 샘플 하나 금액만 들이면 부담 없이 시작할 수 있어 리스크 없이 시작해 보시기에 좋습니다.

❶브릭씨 앱을 다운로드합니다.
❷브릭셀러를 클릭해 주세요
❸나에게 맞는 공구 제품이 있는지 둘러봅니다.

❹공구에 도전할 제품을 찾으셨다면 클릭해 보세요.

❺판매가 및 예상 수익을 확인할 수 있습니다.

❻샘플을 구매한 후 공동구매를 시작해 보세요.

광고주 입장에서
인플루언서 계정 찾는 법

입장을 바꿔서 내 브랜드 또는 영업장이 있어 인플루언서 마케팅을 하기로 결정했다면 어떤 인플루언서에게 홍보를 제안할지 결정하는 것이 중요합니다. 홍보 효과를 극대화하기 위해서는 단순히 팔로워가 많은 계정보다는 고려해야 할 다른 부분들이 있다는 것을 알아두시면 좋습니다.

사용할 해시태그의
인기 게시물에 노출되어 있는 계정

제품을 드러내는 해시태그를 검색해서 인기 게시물에 오른 계정이 있다면 그 계정은 해당 해시태그의 노출도가 높은 것이라고 판단할 수 있습니다. 따라서 이 계정에 협업을 제안하고 해당 해시태그를 필수 태그로 써달라고 요청할 수 있습니다.

♡ ♢ ▽
팔로워들과의 소통이 끈끈하고
진성 팔로워가 많은 계정

마이크로 인플루언서나 나노 인플루언서 중에서도 팔로워와의 소통이 유독 잘되는 계정들이 있습니다. 이때 그 계정의 팔로워들은 충성도가 높기 때문에 해당 인플루언서가 소개하는 제품에 대해 궁금증을 댓글로 문의할 수도 있고, 자세한 판매처를 물을 수도 있기 때문에 이 부분은 상당히 중요합니다. 또 마이크로 인플루언서나 나노 인플루언서의 경우 제작비 없이도 제품이나 식사권 등의 선물만으로도 협찬에 응하고 좋은 게시물을 만들어주는 경우도 많습니다. 그렇기 때문에 이런 부분들을 잘 활용하신다면 큰 홍보비를 들이지 않고도 우리 브랜드를 쉽게 홍보할 수 있습니다.

♡ ♢ ▽
콘텐츠 제작 능력이 있는 계정

팔로워가 아무리 많아도 어떤 제품을 소개할 때 그 제품을 구매하고 싶게끔 만드는지 그렇지 않은지는 콘텐츠 제작 능력과 밀접한 관련이 있습니다. 즉 인스타그램에 업로드하는 사진이나 글에 설득력이 있는지를 확인하는 것입니다. 단순히 소개만 하는 것이 아니라 해당 게시물을 통해 구매 욕구를 느끼게 하는 계정이 있다면 그 계정에 홍보를 의뢰하는 것이 좋습니다.

인스타그램에서 성공하는
나만의 클래스 열기

요즘은 '취미가 돈이 되는 세상'이라고들 하지요? 여러분이 갖고 있는 작은 취미가 누군가에게는 배워보고 싶은 재미있고 흥미로운 일이 될 수 있습니다. 내 계정에 어느 정도 팔로워가 모였다면 인스타그램 안에서 여러분의 클래스를 개설해서 수익화를 하고 결이 맞는 팔로워들을 더욱 빠르게 모아나갈 수 있습니다.

클래스를 열 수 있는 타이밍은?

인스타그램을 시작하고 어느 정도 팔로워가 생기기 시작하면 모임과 클래스를 열어 수익화를 할 수가 있습니다. 이때 가장 궁금한 부분이 '팔로워 수가 어느 정도 됐을 때 클래스 모집이 가능한가?'하는 부분이죠. 어떤 인스타그램 강사들은 팔로워가 5000명이 되기 전까지는 상업성을 드러내지 말라고도 하는데요. 저는 여기에 팔로워 수보다 더 중요한 기준이 있다고 말씀드립니다. 그 시기는 바로 사람들에게 문의가 들어오기 시작하는 시점입니다.

댓글이나 디엠을 통해 "혹시 00모임은 하지 않으시나요?", "이거 강의로 열어주시면 저 바로 신청할 것 같아요." 같은 반응이 나타나기 시작하면 그때가 바로 클래스나 모임을 시작할 수 있는 최적의 타이밍입니다.

따라서 평상시에 꾸준히 사람들과 소통하면서 나의 팔로워들이 나를 신뢰하고 나의 서비스를 이용하고자 하는 시점이 언제인지 파악하는 데 노력을 기울여야 합니다. 그 시점을 잘 포착하면, 팔로워 수가 꼭 1만 이상이 되지 않더라도 모임이나 클래스를 성공적으로 개최할 수 있을 것입니다.

♡ ◯ ◁

포트폴리오와 리뷰 활용하기

이렇게 나만의 모임이나 클래스를 개최했다면, 이후 참여하셨던 분들의 정성스러운 후기를 받는 것이 매우 중요합니다. 요즘은 물건을 구매할 때도 소비자 리뷰를 먼저 읽어보는 사람들이 많은 만큼 나의 클래스를 직접 경험해 본 사람들의 리뷰야말로 결정적인 홍보가 됩니다.

클래스 참여자로부터 만족도 높은 리뷰를 디엠으로 받으셨다면 이 디엠을 스토리로 공유하고 하이라이트로 고정해서 다른 팔로워들에게도 잘 보이게 노출시켜 줍니다. 나의 모임이나 클래스에 대한 기대감을 심어주고 참여를 유도하는 것입니다.

사람들에게 노출시키고 싶은 후기가 있다면 '댓글 고정' 기능을 활용해 그 댓글을 상단에 노출시킴으로써 자연스럽게 댓글 후기를 콘텐츠로도 사용할 수 있습니다.

조은책방 인스타그램 클래스 모집 피드

사람들이 크게 공감할 만한 수강생 리뷰를
고정시켜 팔로워에게 노출

♡ ▢ ◁

불만족 시 100% 환불 정책 활용하기

모임이나 클래스를 여는 것이 처음이라면 리뷰를 활용할 수 없겠죠? 하지만 이때도 나의 모임이나 클래스에 대해 자신이 있다면 '불만족 시 100% 환불'이라는 문구를 넣어서 망설이는 사람들의 참여율을 높일 수 있습니다. 저도 인스타그램 첫 강의를 오픈할 때 이 방법을 활용해 모집 인원의 3배가 넘는 사람들로부터 문의를 받을 수 있었습니다. 오히려 제가 수업

가능한 열 명 정도의 인원을 선택해야 했습니다.

따라서 아직 이렇다 할 포트폴리오나 리뷰가 없을 때 신뢰도를 높이는 아주 효과적인 방법입니다. 실제로 제가 열고 있는 인스타그램 함께 키우기 30일 프로젝트 <조은책방 시크릿>에서도 1주일 만에 포기하는 분이 계셨는데, 당연히 금액을 일절 받지 않았지요. 그랬더니 오히려 그분으로 인해 저에 대한 신뢰가 더욱 커져서 참여하신 다른 분들께 진심 가득한 리뷰를 받을 수 있었습니다.

그러니 내 서비스나 클래스에 대한 자신이 있다면 환불을 두려워하지 마시고 일단 시작해 보시라는 말씀을 드리고 싶습니다.

조은책방 인스타그램 클래스 1기 모집 피드

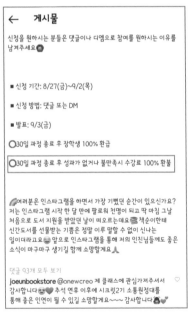

불만족 시 100% 환불이라는 문구 기재

@lovena0603 (조은책방 시크릿 2기)

"나를 드러내고 내가 가진 가치를 나누다 보니 어느새 인스타그램 수익화에 성공한 나를 발견하게 됐어요"

1000팔로워 이벤트 글을 올리면서 알을 깨고 저를 드러내는 용기를 냈어요. 생각보다 많은 분들이 공감해 주시고 응원해 주셔서 정말 놀랐어요. 그 후로 점점 제가 나눌 수 있는 가치에 대해 집중하며 피드를 올렸고, 난생 처음 강의도 해볼 수 있었어요. 성심껏 준비한 PPT가 100장이 넘었더라고요. 강의가 끝나고 많은 분들이 좋은 피드백을 주셔서 정말 뿌듯했습니다. 현재는 인스타그램을 통해 저의 챌린지 커뮤니티를 운영하며 계속해서 수익화를 이뤄나가고 있습니다. 여러분도 여러분의 스토리와 나눌 수 있는 가치를 찾아간다면 인스타그램으로 수익화 반드시 하실 수 있을 거예요!

팔로워들을 나의 다른
플랫폼으로 유입시키기

인스타그램 플랫폼을 이용한 수익화 방법으로 제품 협찬, 제작비 지원, 공동구매, 클래스 개설 등을 살펴보았는데요. 더 나아가서 인스타그램 팔로워들을 나의 다른 플랫폼으로 유입시키는 것 또한 수익화의 중요한 한 방법입니다.

인스타그램에 나의 블로그나 유튜브 또는 제품 판매 사이트를 링크로 소개하는 것입니다. 만약 나의 다른 인스타그램 계정을 알리는 것이 목적이라면 프로필 소개란에 다른 계정을 적는 것만으로도 유입을 불러일으킬 수 있습니다. 그런데 인스타그램에서는 단 하나의 웹사이트만을 넣을 수 있도록 하고 있지요? 소개할 플랫폼이 여러 개일 때 쓸 수 있는 방법이 있습니다.

바로 '메이크링크', '인포크링크', '링크트리'와 같은 멀티링크 사이트를 활용해서 여러 개의 사이트를 하나의 링크로 소개하는 방법입니다.

이 중에서 가장 많이 사용되고 있는 '링크트리' 사용법에 대해 알아보겠습니다.

♡ ◯ ▽

링크트리 가입하기

❶링크트리 사이트에 들어가면 다음과 같은 첫 화면이 보입니다.

❷사용자 이름, 이메일과 암호를 적은 후 개인정보 처리방침에 동의하신 후 [이메일로 가입하기]를 눌러줍니다.

❸나를 표현할 수 있는 카테고리를 세 개 정도 지정한 후 [로봇이 아닙니다]에 체크합니다.

❹이제 무료 버전과 유료 버전을 선택할
수 있습니다. 유료 버전은 한 달에 6달러
로 프리미엄 테마 등을 사용할 수 있습니
다. 멀티링크를 사용하는 목적으로는 무
료 버전도 괜찮습니다.

❺이렇게 가입이 모두 완료되었다면 [내
링크트리로 계속→]을 클릭합니다.

♡ ▢ ◁

링크트리에 링크 추가하기

새 링크를 넣는 곳에 링크를 추가하면 됩니다.

❶ [새 링크 추가]를 누릅니다.

❷ 네이버 블로그를 링크로 걸고 싶다면 네이버 블로그 이름과 블로그라고 적어주시고, 주소를 복사해서 넣어줍니다.

❸ 또 다른 플랫폼을 추가하고 싶다면 위의 [새 링크 추가]를 눌러서, 유튜브 채널 또는 판매 사이트 이름과 url을 동일한 방식으로 넣어줍니다.

❹ 이렇게 링크를 추가한 후 [외관]을 선택합니다. 다양한 테마 중 사용하고 싶은 테마를 선택합니다. 이때 PRO라고 쓰여 있는 테마는 유료 버전이므로 PRO가 적혀있지 않은 테마를 사용하시면 됩니다.

❺ 우측 상단의 [공유] 버튼을 누르고 [내 링크트리를 공유]를 누릅니다.

❻제일 하단에 내 링크트리 주소가 나오고 이를 [복사]할 수 있는 탭이 있습니다. [복사]를 클릭합니다.

링크트리 연결하기

복사한 링크트리 주소를 인스타그램 프로필 웹사이트란에 그대로 붙여넣기 한 후, 오른쪽 상단의 [V]를 눌러 완료하면 됩니다. 내 인스타그램 프로필에 멀티링크가 웹사이트로 등록되어 인친들에게 나의 다른 플랫폼들이 보여집니다. 나의 블로그나 유튜브, 판매 사이트에서도 트래픽이 함께 올라갈 수밖에 없겠죠?

멀티링크 사이트를 활용해서 인스타그램 친구들에게 나의 다양한 플랫폼을 알리는 방법도 꼭 함께 사용해 보시길 추천합니다.

인스타그램 수익화를 위한
DM 활용법

인스타그램 디엠(Direct Message)을 잘 활용하면, 게시물의 홈피드 상단 노출을 증가시켜줄 뿐만 아니라 잠재적 구매고객 관리에도 도움이 될 수 있습니다. 유용한 디엠 활용법에 대해 알려 드릴게요.

♡ ○ ▽

카카오톡 말고,
인스타그램 DM으로 채팅해야 하는 이유

인스타그램에서는 인게이지먼트가 중요하다는 말씀을 드렸는데, 바로 '좋아요'와 댓글, 공유와 저장이 그것이었죠. DM 또한 인게이지먼트에 영향을 주는 것이 사실입니다. 예를 들어 인스타그램에 게시물을 올린다고 해서 모든 팔로워의 홈탭 상단에 내 피드가 노출되는 것은 아닙니다. 하지만 내 피드에 자주 '좋아요'를 누르고 댓글을 달고, 저장 또는 공유를 하거나, DM으로 소통을 한 친구일수록 그의 게시물을 내 홈탭에서 만나게 될 확률은 높아집니다. 즉 계정 간의 연결도가 얼마나 끈끈한지에 따라 홈탭에 나타나는 정도가 달라집니다. 그렇기 때문에 DM을 이용해 자주 소통할수록 친구들의 홈탭에 나의 게시물이 노출될 확률이 높아진다

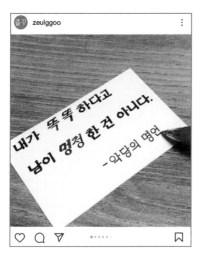

는 뜻입니다. 이제 왜 카카오톡으로 연락을 주고받지 말고 인스타그램 DM으로 채팅을 해야 하는지 아시겠지요?

조은책방 계정 홈 화면을 열었을 때
가장 상위에 노출되는 평상시 가장 DM을
많이 주고받고 활발하게 소통했던
@zeulggoo님의 계정

$\heartsuit \quad \bigcirc \quad \triangledown$

DM으로 잠재적 구매고객 관리 방법

인스타그램을 하다 보면 DM으로 판매하는 물건이나 서비스에 대해 문의를 하는 사람이 생길 수 있습니다. 이들이 바로 잠재적 구매고객이 되겠지요. 이처럼 중요한 고객으로 관리해야 하는 DM부터 단순히 가볍게 '좋아요'를 눌러주는 인친, 스팸 같은 차단해야 하는 DM까지 이를 분류해 놓고 관리할 필요가 있습니다.

인스타그램 DM은 [주요]와 [일반], [요청] 이렇게 세 개의 카테고리로 분류해서 저장할 수 있습니다. [요청]의 경우 내가 대화를 수락하지 않으면 상대방은 내가 메시지를 읽었는지 여부를 확인할 수 없고, 그들이 보낸 사진도 원치 않을 경우 직접 터치하지 않으면 열리지 않게 되어 있습니다. 따라서 메시지를 눌러서 수락한 후, [일반] 또는 [주요] 메시지함으로 이동시키거나 삭제 또는 차단하면 됩니다.

그렇다면 어떻게 다른 카테고리로 이동시켜 저장할까요?
먼저, [일반]에 있는 메시지 하나를 [주요] 메시지함으로 옮기는 방법입니다.

❶인스타그램 홈탭에서 비행기 모양의 DM 아이콘을 눌러줍니다.
❷지금까지 주고받은 DM 목록을 확인할 수 있습니다. 여기서 [일반]에서 [주요]로 옮기려고 하는 DM 내용을 길게 꾹 눌러줍니다.

 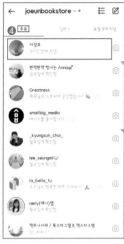

❸[주요 메시지함으로 이동]을 누릅니다.

❹[일반]에 있던 메시지가 [주요] 메시지함으로 이동된 것을 볼 수 있습니다.

[주요]에 있는 메시지를 [일반] 메시지함으로 옮길 때도 같은 방법으로 옮기면 됩니다.

[주요] 메시지 중에서도 내 서비스를 구매했거나 구매예약을 하신 분의 경우처럼, 조금 더 특별히 확인하고, 관리해야할 메시지가 있으시지요? 그럴 땐 플래그 기능을 활용하시기를 추천합니다.

먼저, 플래그로 보관하고 싶은 DM 대화창을 열어줍니다. 그러면 오른쪽 상단에 깃발 모양의 아이콘이 있는데 한 번 터치하면 하얗게 비어있던 깃발이 까맣게 채워지는 것을 볼 수 있습니다. 그리고 대화창을 빠져나와 목록을 보면 주황색으로 책갈피 표시가 되어 있는 것을 확인할 수 있습니다. 주요 카테고리 안에서도 더욱 찾기 쉽게 표시되어 있지요?

❶대화창에서 깃발 모양의 아이콘을 눌러 플래그를 설정할 수 있습니다.
❷리스트에서 책갈피 기능을 활용해 주요 메시지를 눈에 띄게 보관할 수 있습니다.

인스타그램을 통해 수익화를 하려면 그 안에서 잠재적 구매고객을 리스트 업하는 작업도 중요합니다. DM 기능을 잘 활용하면 이렇게 고객들을 체크해두는 용도로도 굉장히 유용하게 사용할 수 있습니다.

♡ ○ ▽
DM으로 효과적인 CS하는 방법

디엠으로 사람들이 쉽게 문의할 수 있도록 질문을 미리 설정해 두는 방법이 있습니다. 사람들이 자주 묻는 질문을 설정해두면 고객들은 그 질문을 클릭만 하면 되고, 또 그에 맞춰 미리 설정해 둔 답변이 전송되기 때문에 고객도 나도 매우 편리하겠죠?

질문과 답변을 미리 설정해두는 방법을 알아보겠습니다. 단, 이 질문의 경우 고객이 나와 처음 디엠을 주고받는 경우에만 노출됩니다.

❶내 프로필 우측 상단[≡]을 클릭합니다.

❷[설정]으로 들어갑니다.

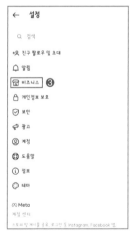

❸[비즈니스]를 클릭합니다.

❹[자주 묻는 질문]을 누릅니다.

❺질문과 자동화된 답변을 추가합니다.

❻질문은 총 4개까지 추가할 수 있습니다.

❼처음 디엠을 주고받는 사람이 나에게 메시지를 보내려고 하면 내가 미리 설정해놓은 질문이 메시지 창에 뜹니다.

❽고객이 해당 질문을 누르면 내가 미리 설정해놓은 답변이 뜹니다.

또 자주 쓰는 답변은 매번 쓰지 않고 저장해두었다가 붙여넣기 해서 편리하게 소통하는 방법도 있습니다.

❶메시지 창에서 [+]탭을 클릭
합니다.

❷메시지 모양 아이콘을 누릅
니다.

❸[+]를 눌러 줍니다.

❹저장할 답변 내용을 추가합
니다.

인스타그램 운영에 도움 되는
좋은 아이템들

인스타그램을 운영할 때 원활한 소통을 위해 구비하면 좋은 장비와 감성 사진을 찍을 때 사용하기 좋은 소품들을 소개할게요.

♡ ◯ ▽

휴대용 블루투스 키보드

접이식 블루투스 키보드는 휴대가 간편해서 외부에서도 빠르게 댓글과 대댓글을 달기에 편리합니다. 언제 어디서든 팔로워와 소통하기에 유용한 아이템입니다.

♡ ◯ ▽

사진촬영 배경소품들

식물이나 화병, 배경지 등의 소품을 이용해서 보다 퀄리티 높은 사진을 연출할 수 있습니다. 특히 배경지는 비교적 저렴한 비용으로 다양한 컨셉을 연출할 수 있어 활용도가 높습니다.

♡ ◯ ▽

조명이 달린 포토박스

미니 스튜디오라고도 불리는 포토박스를 이용하면, 조명과 사방의 하얀 벽을 이용해 보다 선명하고 그림자 없는 깨끗한 사진을 촬영할 수 있습니다.

인태기 없는
인스타그램 계정의 비밀

혹시 '인태기'라는 말을 들어본 적 있으신가요? 인스타그램을 운영하다 보면 정체기에 접어들거나 감정이 다치는 일 등 여러 이유에서 인스타그램에 대한 의욕이 떨어지는 때가 발생합니다. 이를 인스타그램 권태기라는 의미로 '인태기'라고 부릅니다. 인스타그램 유저들 사이에서는 꽤나 흔하게 쓰이는 말이지요.

♡ ○ ◁

인스타그램 계정은 내가 아니다

인스타그램 계정과 자신을 동일시할 경우 여러 문제들이 발생합니다. 이벤트에 성공하지 못했거나 각종 제안에서 거절당하거나 또는 팔로워들과의 사소한 감정 문제가 생기는 일들이 반복되면서 인태기가 찾아옵니다.

예를 들어, 공구를 진행하고 싶어 소싱을 하던 중 거절을 당했을 때 '그래 아직 내 계정이 조금 부족하구나. 앞으로 더 키워서 다시 도전해 보자'라고 생각하는 사람이 있는 반면, 마치 자신의 존재 자체가 거절당한 듯 실망감에서 쉽사리 벗어나지 못하는 사람도 있습니다.

또 인친이 공동구매를 할 때 '내가 사주지 않으면 그 친구가 서운해 하지 않을까?' 혹은 반대로 내가 공구를 열었는데 인친이 사주지 않을 경우 '아니 그래도 매일같이 소통하는데 어떻게 이 작은 물건 하나 안 사줄 수가 있어'라고 섭섭해 하시는 분들도 꽤 많습니다.

인스타그램 계정은 내가 아닙니다. 인스타그램이라는 세상에서 내가 만든 캐릭터이자 페르소나일 뿐이지 내 자신이 아닙니다. '진정성'이라는 키워드는 무엇보다 중요하지만 모든 관계에서 나와 동일시하며 감정을 소모하고, 인태기에 빠지는 일이 없기 바랍니다.

♡ ○ ▽

수익화를 원하면 처음부터 프로처럼

인스타그램 계정을 키우려는 사람들은 대부분 수익화를 꿈꿉니다. 하지만 운영 방식을 보면 취미생활처럼 하는 것을 볼 수 있습니다. 물론 현재 직업이 있는 상태에서 직업처럼 시간과 에너지를 쏟는 것은 쉽지 않지만 적어도 올리고 싶을 때 올렸다가 한참 방치하다 다시 활동하는 식으로는 인스타그램을 키울 수 없습니다.

인스타그램을 통해 수익화를 하려면 직업처럼 꾸준히 할 수 있어야 합니다. 정해진 시간에 매일 인스타그램 운영을 하고 팔로워들과 소통하고 또 새로운 기능이 나올 때마다 찾아보고 시도해 보는 노력이 반드시 필요합니다.
예를 들어, 많은 시간을 낼 수 없는 직장인이라면 주말을 이용해 다음 주 7일치 게시물 업로드를 스케줄링 해놓고, 매일 출근 전 정해진 시간에 게시물을 업로드하고, 점심시간과 퇴근 후 시간을 활용해 팔로워들과 소통하는 방법으로 꾸준히 진행하는 겁니다.

현재 내가 하고 싶지 않은 일을 하며 회사에 다니고 있다면 인스타그램에 더 집중하는 동기가 될 수 있습니다. '내가 이 계정을 열심히 키워서 하고 싶은 일을 하며 돈까지 벌어야지'라는 생각은 더 강력한 동기가 되어줄 것입니다. 실제로 어느 작가님은 편의점 아르바이트를 하며 생활고에 시달리면서도 꾸준히 인스타그램에 자신의 글을 올렸습니다. 그리고 현재는 팔로워 30만이 넘는 메가 인플루언서이자 출판사 대표로 성공스토리를 쓰고 있습니다.

동기에는 포지티브와 네거티브 두 가지가 있습니다. '나는 이렇게 살고 싶어'라는 마음이 포지티브라면, '더 이상 이렇게 살 수는 없어'는 네거티브라고 할 수 있지요. 때로는 네거티브적인 동기가 더 강력하게 작용합니다. 회사를 다니고는 있지만 현재의 상황을 한탄만 하고 있으신가요? 그렇다면 내적 동기를 이용해 보다 빠르게 인스타그램을 성장시키는 원동력으로 삼으시기 바랍니다.

♡ ◯ ▽

결국 중요한 건 '멘탈'이다

인스타그램 계정을 키우기로 마음먹은 순간부터 나와 같은 컨셉의 계정들과 스스로를 끊임없이 비교하게 됩니다. '저 계정은 어떻게 저렇게 빨리 성장하지?', '저 사람은 어떻게 저렇게 좋아요를 많이 받을까', '나는 도저히 SNS에는 재능이 없는 걸까' 이런 자괴감이 밀려오지요. 하지만 결국 필요한 건 '자기 의심'이 아닌 '자기 확신'입니다.

더불어 수익화를 이뤄내기 위해서는 '꾸준히' 하는 것도 중요하지만 '잘하는 것', '제대로 하는 것'은 더 중요합니다. 그냥 꾸준히 인스타그램에 게시물을 올리다 보면 언젠가는 계정도 성장하겠지 라고 생각한다면 여러분은 100m 달리기 기록을 단축시키고 싶으면서 매일 아침 그냥 조깅만 하는 사람과 다를 것이 없습니다. 정말 기록을 경신하고 싶다면 그리고 반드시 결과를 만들기 원한다면 치밀하게 연구하고 그 연구를 토대로 꾸준히 노력하는 자세가 필요합니다.

인스타그램도 마찬가지입니다. 목표와 전략을 세우고, 끊임없이 연구하고 노력하는 자세와 흔들리지 않는 '멘탈'이야말로 수익화를 앞당기는 최고의 무기가 될 것입니다.

APPENDIX

부록

인스타그램 운영에 꼭 필요한
주의사항

FOLLOW ···

인스타그램을 운영하다 보면 잘못된 운영방식으로 활동을 제한받거나 심지어 계정을 사용할 수 없게 되는 일등 여러 불이익을 받을 수 있기 때문에 반드시 알아야 할 주의사항을 숙지해 주시면 좋습니다.

'차단(block)'을 피하는 방법

인스타그램은 특정 행동을 계속해서 반복하면 봇(Bot)으로 인식해서 해당 계정에 페널티를 줍니다. 이렇게 여러 차례 블락(block)을 당하면 계정에도 좋지 않기 때문에 반드시 주의하셔야 할 점이 몇 가지 있습니다.

첫째, 하루 선팔·언팔량 초과하지 않기

초기에는 팔로워를 모으기 위해 내가 먼저 선팔을 하고 소통하고 싶다는 댓글을 남기는 경우가 많습니다. 이때 하루에 너무 많은 계정을 팔로우하는 것은 위험합니다. 또 어느 정도 팔로워를 구축한 후 팔로잉을 줄여나가는 과정에서 하루에 너무 많은 언팔을 하는 것도 마찬가지로 위험합니다. 한 번에 너무 많은 계정을 팔로우하거나 언팔로우하는 행동은 피하는 것이 좋습니다.

둘째, 같은 액션을 정해진 횟수 이상 반복하지 않기

선팔, 언팔과 마찬가지로 '좋아요'를 누르거나 '댓글'을 다는 액션도 반복적으로 계속되면 봇으로 인식해 차단합니다. 내 계정을 알리는 작업을 할 때에는 한 시간 안에 너무 많은 횟수를 진행하지 않도록 주의하시기 바랍니다.

또 새벽 시간에는 낮 시간과 달리 훨씬 더 블락에 잘 걸리기 때문에 새벽 1시 이후에는 작업을 하지 않는 것을 추천 드립니다.

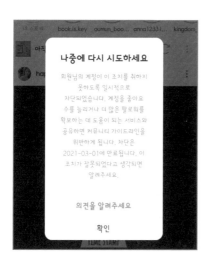

셋째, 복사 붙여넣기 하지 않기

'피드 잘 봤습니다. 같이 소통해요.'라는 식의 DM이나 댓글을 남기는 경우가 많이 있습니다. 이런 경우 진정성이 느껴지지 않아 팔로우로 잘 이어지지 않을 뿐 아니라 복사 붙여넣기 한 것 같은 댓글과 디엠은 지양하는 것이 좋습니다.

실제로 복사 붙여넣기로 댓글과 디엠을 남길 경우, 해당 기능을 사용할 수 없는 블락이 걸리기도 하기 때문에 인스타그램에 남기는 모든 글은 복사 붙여넣기 없이 하시기를 권장합니다.

$$\heartsuit \quad \bigcirc \quad \lhd$$

사용하면 안 되는 앱

처음에 너무 많은 계정을 선팔해서 나중에 맞팔하지 않은 계정을 찾아내는 과정에서 '언팔 앱'을 사용하는 경우가 있는데요. 모든 계정이 그런 것은 아니지만 언팔 앱을 사용하고 나서 3일 또는 7일 블락이 오는 경우를 종종 볼 수 있었습니다.

쉽고 간단하지만 위험성이 있는 언팔 앱을 사용하는 것보다는 계정을 하나씩 둘러보면서 언팔을 진행하시는 방법을 추천 드립니다.

확인하는 방법은 해당 인스타그래머의 [팔로잉] 탭을 눌렀을 때 내 계정이 가장 위에 보이면 나의 계정을 팔로우해준 것이고, 그렇지 않다면 나를 팔로우하지 않은 것입니다.

♡ ○ ▷

세컨폰 사용 시 반드시 IP에 주의

간혹 두 대의 휴대폰을 사용하는 경우, 두 휴대폰으로 같은 인스타그램 계정을 접속할 때 문제가 되기도 합니다. 이렇게 IP가 섞이게 되면 계정을 아예 사용할 수 없도록 막히는 일이 생길 수 있습니다. 그러니 두 대 이상의 휴대폰을 사용 중이시라면 A폰에서는 A계정만을, B폰에서는 B계정만을 로그인하셔야 합니다.

이와는 별개로 하나의 이메일 주소로 다섯 개의 아이디까지 생성할 수 있기 때문에 하나의 휴대폰에서 여러 개의 계정을 로그인하시는 것은 괜찮습니다.

내 계정 상태를
확인할 수 있는 방법

인스타그램을 하다 보면 블락을 당하기도 하고 쉐도우 벤이라고 불리는 해시태그 노출이 되지 않는 경우 등 계정 상태에 대해 불안한 마음이 생기게 되는 경우가 더러 있을 수 있습니다. 이때는 내 계정의 현재 상태를 확인해 보면 좋은데요.

먼저 내 프로필 화면 오른쪽 상단에 삼선 모양 아이콘을 클릭합니다. 그리고 설정으로 들어가서 계정을 클릭합니다. 여기서 [계정 상태]를 누르면 현재 내 계정 상태가 인스타그램 커뮤니티 가이드라인을 준수하고 있는 상태인지를 확인할 수 있습니다.

❶내 프로필 우측 상단 삼선 모양 아이콘을 클릭한 후 [설정]으로 들어갑니다.
❷[계정]을 선택합니다.

❸ [계정 상태]를 눌러줍니다.

❸ 내 계정 상태를 확인합니다.

@jiwocrab (조은책방 시크릿 1기)

"다중 아이피 접속으로 계정이 비활성화되지 않게 꼭 주의하세요!"

어느 날 피드를 업로드하던 중 '새로 고침 할 수 없습니다.'란 오류 메시지가 뜨더라고요. 인스타그램 앱을 지웠다 깔았다 반복하고 검색을 해봐도 해결이 되지 않아 결국은 인스타그램에 메일을 쓰게 되었습니다.

'회원님, 회원님의 계정이 비활성화된 것 같습니다. 이용 약관을 준수하지 않는 Instagram 계정은 비활성화됩니다.'라는 답변을 받고 너무 놀랐죠. 답답한 마음에 검토 요청을 보냈더니 인스타그램 고객센터를 통해 '다중 아이피로 인해 해킹 우려로 계정이 비활성화되었습니다.' 라는 답변을 받을 수 있었습니다.

그래서 생각을 해보니, 온라인 판매를 주로 하면서 매장 폰, 개인 폰, 노트북, 패드, 집 데스크톱, 가게 데스크톱 총 6가지 기기를 사용하여 계정 접속을 하고 있음을 깨달았습니다. 그동안 노력한 시간들이 날아가서 너무 속상한 기억이었습니다.

인스타그램 수익화에
도움 되는 책 10

많은 책을 읽을 수 없다면, 이 책들은 꼭 읽어보시기를 추천합니다.

글쓰기 실력을 올려주는 책

『끌리는 문장은 따로 있다』
마음을 움직이는 심리적 글쓰기 기술
(멘탈리스트 DaiGo 지음 | 반니)

콘텐츠 계정이나 카드 뉴스처럼 짧은 글을 발행하거나
심리적 글쓰기에 대해 배우고 싶다면
반드시 읽어봐야 할 단 한 권의 책

『무기가 되는 스토리』
브랜드 전쟁에서 살아남는 7가지 문장 공식
(도널드 밀러 지음 | 윌북)

내 계정의 주인공은 내가 아닌 팔로워들이고,
그들을 영웅으로 만들어줄 때
내가 브랜드가 될 수 있음을 자세히 설명해주는 책

돈 버는 마인드를 만들어 주는 책

『백만장자 시크릿』
부를 끌어당기는 17가지 매뉴얼
(하브 에커 지음 | 알에이치코리아)

'홍보'라는 것에 대한 두려움을 떨쳐내고
내가 가지고 있는 것을 다른 사람들과 나눔으로써
가치를 만들어낼 수 있음을 알려주는 책

콘텐츠 제작 전문가로 발돋움하게 해주는 책

『맛있는 디자인 망고보드』
(엄혜경, 이동균 지음 | 애드앤미디어)

카드뉴스뿐 아니라 동영상까지 포토샵 1도 몰라도
인스타그램 콘텐츠제작 전문가처럼 업로드할 수 있게 만들어주는 책

인플루언서에게 배우기

『영향력을 돈으로 바꾸는 기술』
(박세인 지음 | 천그루숲)

팔로워 수가 영향력이 된 시대,
어떻게 그 영향력을 이용해 수익화의 길로
갈 수 있는지 자세히 설명해주는 책

『N잡하는 허대리의 월급 독립 스쿨』
(N잡하는 허대리 지음 | 토네이도)

취미가 돈이 될 수 있는 세상, 지식 창업 초보자들에게
진심 가득한 노하우를 전달해주는 책

인스타그램을 위한 심리학 공부

『타인의 속마음』 심리학자들의 명언 700
(김태현 저 | 리텍콘텐츠)

가슴을 울리는 명언을 활용해 '마케팅' 초보에게
가장 쉽고 빠르게 심리학과 친해질 수 있게 해주는 책

협상 초보도 협상 고수로 만들어 주는 책

『협상이 이렇게 유용할 줄이야』
(오명호 저 | 애드앤미디어)

인스타그램 안에서 행해질 수 있는 다양한 협상 관계에서
제로섬게임이 아닌 서로 원원할 수 있는
협상에 대해 쉽고 재미있게 설명해주는 책

끈기와 실행력을 만들어 주는 책

『실행이 답이다』
(이민규 저 | 더난출판)

꾸준함이 답인 인스타그램 계정을 키우는데 있어
포기하고 싶은 순간 나를 일으켜 세워줄
뼈 때리는 문장들이 가득 들어있는 책

『크러쉬 잇! SNS로 열정을 돈으로 바꿔라』
게리 바이너척/ 천그루숲

나를 가장 잘 표현할 수 있는 콘텐츠를 생산하고 이를 이용해 퍼스널 브랜드를 구축할
수 있는 SNS 세상으로 향하는 문을 열어주는 책

사람의 마음을 읽는 소설책

"소설 속에서는 실제 생활에서 우리가 겪지 못하는 많은 인간을 실제 이
상으로 실감나게 겪을 수 있다. 소설에는 인간의 심리가 자세히 묘사되어
있는데, 비즈니스는 결국 사람의 마음을 움직이는 일이다. 그러니 우리는
소설을 읽어야한다."

- 삼성 창업주 이병철 -

사람의 심리를 이해하고 마케팅 능력을 키우기 위해서 소설을 많이 읽으실 것을 권장 드립니다. 인스타그램을 통해 수익화를 한다는 것은 작든 크든 결국 나의 비즈니스를 운영해 나간다는 뜻일 텐데요. 모든 비즈니스는 다른 사람의 불편을 해소하는 데서 시작한다고 하지요. 인간의 감정을 가장 디테일하게 묘사한 다양한 소설을 읽음으로써 내가 경험해 보지 못한 세계에 대한 이해를 넓혀가 보셨으면 좋겠습니다.

시크릿 인스타그램

인쇄   2022년 4월 25일
제1판 5쇄   2024년 7월 1일

지음   조은
발행인   엄혜경
발행처   애드앤미디어
등록   2019년 1월 21일 제 2019-000008호
주소   서울특별시 영등포구 도영로 80, 101동 2층 205-50호
    (도림동, 대우미래사랑)
홈페이지   www.addand.kr
이메일   addandm@naver.com
교정교안   copyyoon@naver.com
디자인   얼앤똘비악 www.earIntolbiac.com

ISBN   979-11-976250-5-3(13000)

책값은 뒤표지에 있습니다.
잘못 만들어진 책은 구입처에서 바꿔 드립니다.

A 애드앤미디어는 당신의 지식에 하나를 더해 드립니다.